LA MORADA DE LA PAZ

SANE SU VIDA
CON
GAMMA ENERGRTICS

GAMMA
ENERGETICS

EDUARDO PAZOS - TORRES

BALBOA.
PRESS
A DIVISION OF HAY HOUSE

Puede hacer pedidos de libros de Balboa Press en librerías o poniéndose en contacto con:

Balboa Press
Una División de Hay House
1663 Liberty Drive
Bloomington, IN 47403
www.balboapress.com
1 (877) 407-4847

Debido a la naturaleza dinámica de Internet, cualquier dirección web o enlace contenido en este libro puede haber cambiado desde su publicación y puede que ya no sea válido. Las opiniones expresadas en esta obra son exclusivamente del autor y no reflejan necesariamente las opiniones del editor quien, por este medio, renuncia a cualquier responsabilidad sobre ellas.

El autor de este libro no ofrece consejos de medicina ni prescribe el uso de técnicas como forma de tratamiento para el bienestar físico, emocional, o para aliviar problemas médicas sin el consejo de un médico, directamente o indirectamente. El intento del autor es solamente para ofrecer información de una manera general para ayudarle en la búsqueda de un bienestar emocional y spiritual. En caso de usar esta información en este libro, que es su derecho constitucional, el autor y el publicador no asumen ninguna responsabilidad por sus acciones.

Las personas que aparecen en las imágenes de archivo proporcionadas por Thinkstock son modelos. Este tipo de imágenes se utilizan únicamente con fines ilustrativos. Ciertas imágenes de archivo © Thinkstock.

Información sobre impresión disponible en la última página.

ISBN: 978-1-5043-9347-8 (tapa blanda)
ISBN: 978-1-5043-9349-2 (tapa dura)
ISBN: 978-1-5043-9348-5 (libro electrónico)

Numero de la Libreria del Congreso: 2017918986

Fecha de revisión de Balboa Press: 01/30/2018

ÍNDICE

PRIMERA PARTE

SEGUNDA PARTE

PRIMERA PARTE

¿QUÉ ES SANAR?

Es restituir la mente a su nivel de PAZ Y ARMONÍA. Desde el consciente es difícil saber los desequilibrios que hemos producido en ella en el pasado, que incluye vidas anteriores; cuando la mente desbalanceada actúa, sus creaciones están llenas de dolor y sufrimiento.

Los eventos de la vida crean fricciones y emociones negativas que impactan las células del cuerpo en su memoria.

La mente influye en el funcionamiento del cuerpo y este a su vez puede distorsionar el equilibrio de la mente. Cuando hablo de mente no me refiero solo a la conexión neuronal, sino a la conexión de todas las células corporales y a los distintos puntos focales de la anatomía energética del campo electromagnético.

Un desequilibrio en el campo electromagnético causado por un elemento extraño como una entidad o una huella de ataque psíquico, también pueden engendrar enfermedad, entonces la limpieza del aura también nos da el balance necesario para vivir feliz.

La ciencia ha comprobado que la información de un humano desde lo más denso que es su cuerpo físico hasta lo más sutil que es el espíritu, está contenida en una sola de los trillones de células que conforman el cuerpo humano. Por esto la Sanación debe abarcar todas las células de una persona.

Sanar es limpiar los residuos de recuerdos desagradables por experiencias vividas en esta vida o como resultado de excedentes negativos de otras vidas. Es borrar las huellas dolorosas e impuras que nos impelen a actuar de manera equivocada en el acaecer diario.

Existe además una conexión íntima entre el cuerpo físico y el cuerpo astral, de tal manera que muchas sanaciones y curaciones se pueden hacer con mayor efectividad a distancia. El cuerpo astral recibe la información y la traslada a la mente donde se ha formado el desajuste que se somatiza a veces como enfermedad física.

Yo llamo **Sanación** el acto de restablecer el equilibrio en la mente consciente o inconsciente del individuo. **Curación** es el cese de la enfermedad física como resultado de una Sanación donde la mente vuelve a actuar en armonía, paz y amor.

La enfermedad física surge cuando la mente del individuo está llena de sentimientos negativos y emociones que drenan su energía física y mental. Emociones como el odio, la ira, el rencor, los rechazos producen una guerra en la mente inconsciente que obliga al cuerpo a producir hormonas para ir al combate. El odio y sus similares producen miedo en el inconsciente del individuo porque en toda guerra se dan y se reciben golpes, a veces mortales.

Muchos miedos no esenciales surgen como consecuencia del odio porque sabemos que en cualquier momento podemos ser atacados. En el mismo orden de ideas, al sanar odios, rabias y rencores estamos liberando a la mente de algunos miedos no conscientes.

Sanar es recuperar la felicidad natural y el amor puro.

La Sanación se da cuando se restablece la íntima relación del individuo con su ser o su propia divinidad. Lo que causa el desequilibrio doloroso y el sufrimiento es la ilusión de separación que nos comunican los sentidos. Es creer sólo en la información de los sentidos.

Información que cambia, cuando incorporamos el sexto sentido del conocimiento intuitivo que recibimos por medio del sexto Chacra o tercer ojo, y a través de la sabiduría que se percibe en el cuarto Chacra, también llamado Chacra corazón.

La Sanación es entonces restablecer los poderes divinos del humano que se han incorporado como chispa divina o como un ser a imagen y semejanza de Dios el creador de todo lo que es.

Sanar es hacer feliz a otro al compartir la energía del amor puro que todo lo abarca; sanar es trasmitir la dicha a otro al restablecer el equilibrio en su corazón que se aparta de la dualidad placer dolor.

La ilusión de separación nos mantiene en la dimensión del placer y el dolor, en el mundo ilusorio que vivimos. Esta ilusión permite el paso del desequilibrio y la enfermedad. Cuando el humano recupera su ser infinito dentro, cesa cualquier tipo de enfermedad y su vida transcurre en medio de la dicha y la satisfacción.

Sanar es recuperar la felicidad innata del ser. Es vibrar en el amor infinito y el deseo de hacer el bien. Es retomar la energía inherente en todo lo viviente que enlaza todo y comunica con todo por medio de la dicha sin igual que brota de sus células.

Al borrar el odio, sentimiento contrario al equilibrio natural del amor puro y universal, al expulsar los miedos, las culpas, las depresiones, refulge nuestra auténtica realidad que hemos perdido por eones al darle preponderancia al ego y sus creaciones ilusorias.

Elkhart Tole afirma que el verdadero pecado original es la separación supuesta de la divinidad que siempre habitó dentro de nosotros, por la preponderancia del ego y los placeres del mundo material.

La vida en la tierra ofrece una variada experiencia de placeres que no debe ser evitada. El error radica en apegarse y rendirle culto a estos placeres al olvidar que existe algo más profundo, inmutable y eterno en el fondo de nuestro corazón, que se comunica con la felicidad inmanente que nace pero nunca perece.

Aprender a vivir siempre en el ser infinito nos garantiza una vida libre de dolores y sufrimiento. La piedra filosofal sobre la cual descansa la Sanación, es apartar el ego y rendirle culto a la divinidad interior.

Sanar es cambiar hacia lo más elevado en el nivel mental y psíquico.

Al cambiar las instrucciones que residen en nuestras células como consecuencia de hechos anteriores o vivencias que crearon sentimientos, emociones o creencias negativas y recuperar la innata vida de la célula que se apoya en el amor universal, cambiamos el nivel mental del individuo.

Al limpiar agentes externos que viven en el aura como ataques psíquicos, maldiciones, brujerías, entidades y espíritus errantes, restablecemos el equilibrio natural psíquico del individuo y con él, el amor natural que impulsa la célula a su máximo desarrollo.

Entonces la Sanación se da en el nivel mental y en el plano psíquico del individuo como una mente que enseña a otra a vivir en el amor puro. El amor es una condición universal que se propaga a través del pensamiento y las vibraciones psíquicas que conducen a las ideas, sentimientos y emociones unitarias.

El amor se propaga con el pensamiento y todos los humanos que sintonizan esa energía única la pueden disfrutar. **Sanar es restituir la unión de la mente y de la psiquis en el amor universal. Esta es una de las metas de este libro: propagar la frecuencia del amor puro y universal, para sanar el planeta y todos los seres que lo habitan.**

Sanar es también establecer la ecuación de energía captada con energía gastada.

Cuando estamos agotados porque trabajamos demasiado o invertimos el tiempo en sufrir por los vídeos y películas de terror que inventa nuestra mente, en los que el desenlace siempre es negativo y doloroso para nosotros, es fácil que entre a trabajar ese monstruo que como una máquina nos envilece y domina. La mente no está al servicio nuestro. Es como un adminículo que hemos inventado y que ahora nos esclaviza.

No podemos liberarnos de la compulsión mental. Es un incesante tren de pensamientos que no para y que lleva su anarquía a nuestra vida. Somos prisioneros de nuestra propia mente. Entonces la libertad aparece cuando nos liberamos de esa máquina compulsiva, cuando estamos en el ser, libres de pensamientos, sentimientos, emociones y creencias negativas.

Captamos energía con la comida, el prana que respiramos, el ejercicio moderado, el **chi kung**, el **Tai chi**, la meditación y el centrarnos en nuestro ser infinito con la respiración consciente y estar siempre en el ahora. La oración profunda y la conexión con nuestro maestro de luz, es también otra forma de absorción de energía.

¿Cómo gastamos esa energía? A través de las preocupaciones diarias. La obsesión por un desenlace doloroso en las elucubraciones de la vida, el miedo a experimentar la propia existencia, el temor a los cambios que nos expulsan de la zona de confort, el trabajo excesivo, la convivencia con alguien a quien no toleramos, el miedo al futuro y sus consecuencias en todas las áreas de la vida, el pesado fardo de emociones no borradas del pasado en nuestro inconsciente, el ambiente de odio que se percibe en el trabajo.

Un jefe y compañeros que nos roban la energía cuando se lo concedemos. El hecho de escuchar o ver noticias todo el tiempo que generan un estado de ansiedad y de zozobra. Los apegos y el miedo a perder el objeto o persona donde se centra el amor doloroso.

Una ambición extrema que produce un estado de insatisfacción permanente, la codicia y la incapacidad de conseguir todos los bienes anhelados, la depresión y la tristeza, la ansiedad, el pánico y las emociones creadas por una mente compulsiva etc.

Todos los días podemos desarrollar hábitos que nos permitan recuperar la energía perdida. Meditar es benéfico, con sólo 20 minutos diarios. Existen cientos de sistemas de meditación que ayudan a centrar la energía.

Algunos de esos métodos consiguen traer el ser infinito a la superficie de la mente o por lo menos logran parar su incesante actividad, en Internet se puede acceder de manera gratuita al **Falun Dafa**. Es una forma de **Chi kung** que remata con una meditación.

Esta técnica es completa porque involucra captación de **chi** corporal por los ejercicios y obtención de **chi** para la psiquis, a través de la meditación, al centrar toda la energía recibida. Sólo recomiendo los ejercicios, no su filosofía, para quien dispone de poco tiempo es ideal.

Meditar es básico, es la actividad más importante de nuestra vida.

Meditar es la conexión íntima con el ser, la meditación trascendental, El kriya yoga, Meditación con mantras, el método Melquisedec, son escuelas que ayudan a centrar la energía.

Después de meditar puede escuchar las grabaciones que usted ha hecho sobre los diferentes temas que quiere modificar en su inconsciente. No repita las oraciones o instrucciones de este libro en el consciente, porque no tienen el mismo efecto benéfico que en un nivel profundo, justo antes de terminar una meditación.

Se trata de cambiar las emociones o creencias mediante el hemisferio derecho (mente trascendida que llega al inconsciente) y no de la manera tradicional de lectura que llega al consciente pero requiere de muchas repeticiones.

Siempre que sienta una emoción perniciosa, libérela de su mente, al entrar en meditación y de inmediato debe escuchar las instrucciones para eliminar dicha emoción, sentimiento o creencia.

Otra forma es, al final de la meditación, pedirle a alguien que lea las instrucciones mientras usted yace con los ojos cerrados.

Para mantener la energía arriba, además de los ejercicios que enseñamos en Gamma Energetics, puede leer todos los días "practicando el poder del ahora" de Elkhart Tolle, leer fragmentos de "un curso de Milagros" o escuchar las conferencias de Pema Chodron.

Lo importante es vibrar en amor universal y estar consciente del ser infinito interior, ser feliz siempre es posible.

Gamma Energetics borra todos los sentimientos y emociones negativas del pasado que reside en las células, elimina todos los miedos y preocupaciones por un futuro desconocido y prepara a la mente para vivir siempre en la expresión del ser infinito.

Con ello garantizamos una existencia plena de felicidad, logros y creatividad. Una vida pletórica de amor y belleza. Es la sanacion de todas las incongruencias que palpitan en los cuerpos de cada uno, por la satisfacción y la alegría propia de la vida cotidiana. Es la sanación que nos conecta con nuestro ser infinito, con Dios el creador de todo lo que es.

El presente, el ser infinito y la sanación.

Aprender a estar en el presente-ahora libre de recuerdos perniciosos que crearon drama en nuestra vida es otra forma efectiva de sanar. Una vez que hemos corrido Gamma Energetics para limpiar el pasado lejano, el reciente y hasta el pasado de otras vidas, nuestra misión es aprender a mantener la atención en el ahora.

No es una actividad fácil puesto que el "mono salvaje" de la mente, no puede mantenerse quieto un momento, deambula de pensamiento en pensamiento hasta cuando cae en un gancho de dolor y se obsesiona.

Acá el temor, el miedo inherente hacen su fiesta, estimulan la imaginación para crear películas de terror y drenar la energía. La persona se siente devastada.

El sistema inmunológico cede ante la presión de la mente. El individuo se torna agresivo, víctima de la obsesión, no responde a los estímulos externos con gentileza porque su organismo está preparado para la guerra, se ha creado una cadena de reacción funesta de la cual, el individuo ni se da cuenta, inmerso en la sucesión de hechos tormentosos que se imagina.

Estar en el presente con la mente libre de conversación es disfrutar la plenitud del ser, sin preocupaciones por el acaecer futuro. Es asombrarse de cuanta belleza nos transmite una simple flor. Es maravillarse del encanto de un atardecer. Es disfrutar nuestra propia respiración y gozar la fascinación por nuestra propia esencia.

Es percibir el hechizo de las personas a través de su ser interior. Es advertir el amor puro en todo lo que nuestros sentidos se concentran. Es gozar de las actividades como un niño libre, consciente de sus juegos e hipnotizado en el deleite de su ocupación. Es asombrarse de la majestad de la vida.

Al practicar unos minutos el silencio interior, al distraer la mente para que se ocupe de la respiración, brota de nuestro espíritu, la conciencia pura, llena de satisfacción y alegría "per se".

El amor puro, la felicidad, la armonía, la ternura, la gracia divina residen allí, en la conciencia pura. Es una forma de silenciar el ego o la mente con su inútil y perenne diálogo que opina de lo divino y lo humano en una conversación absurda e incoherente.

LOS PILARES DEL VERDADERO ÉXITO

Para iniciar con este tema, diremos que lo más importante es dormir bien. Ello significa dormir entre seis y ocho horas diarias, de acuerdo con el organismo de cada quien. No podemos hablar de una calidad de vida sin este requisito fundamental.

El sueño reparador es la más formidable herramienta de Sanación porque es como poner el cuerpo en automático para que todas las funciones no volitivas se desarrollen y eliminar el remanente de estrés que producen las actividades y conflictos diarios.

Así que cualquier tecnología de Sanación debe tener como respuesta un sueño reparador y viceversa, un sueño profundo debe coadyuvar a sanar todos los cuerpos desde el físico hasta la quintaesencia de Dios.

Los expertos nos dicen que en teoría se pasa por cuatro fases de emisión cerebral. Cuando estamos despiertos entre los 12 y los 18 ciclos por segundo de emisión cerebral estamos en **Beta**.

Luego estamos en **Alfa** durante un período cercano a la media hora, la mente emite entre los ocho y los 12 ciclos por segundo y entramos en ciclos de 30 minutos en frecuencia **Theta** (4-8 c/seg) y **Delta** (0.5-4c/seg) para volver a **theta alfa** y el ciclo continúa. Se dice que cada ciclo dura una hora y media.

Se recomienda dormir mínimo cuatro ciclos o estar en brazos de Morfeo cinco ciclos, más un interregno de media hora es decir ocho horas, para una reparación de energía intensa y efectiva.

Control de la mente.

Mantener pensamientos sanos es también prioritario cuando se busca un equilibrio en la vida diaria. Ser conscientes de la reparación es un ejercicio sencillo para mantener la mente amaestrada, lejos de pensamientos, sentimientos o emociones nocivos. Vivir en el presente-ahora nos permite salir de los círculos viciosos de pensamientos torturantes y sufrimiento.

Para centrar la energía durante la actividad, concentre su atención en la respiración, en la actividad de inhalar y exhalar. Este simple truco nos saca de pensamientos llenos de miedo, odio, envidia.

Busque siempre que tenga conciencia estar en el presente-ahora porque es la manera sencilla de disfrutar los placeres elementales de la vida y de saborear las dulces sensaciones del ser infinito dentro. Este placer no tiene par, sienta desde el presente, como se energiza todo lo que lo rodea.

Aprenda que para ser feliz sólo necesita contactarse con su ser infinito, independiente de estar acompañado o vivir lujos extremos o poseer cosas y poder sobre otros. La felicidad es un combo que nos regala la vida y que viene gratis empacado en el chacra corazón de todos los humanos.

Sólo se requiere la voluntad y el conocimiento para estar en la inefable compañía del ser infinito.

De hecho este es uno de los objetivos de estar encarnados: descubrir la indescriptible bondad del ser interior. Es un regalo que todos hemos recibido pero la mayoría ignora. Ser consciente del ser infinito, significa vivir el paraíso en esta vida, independiente de la pobreza o riqueza.

Por eso los antiguos vedas decían que esta vida es ilusión porque lo único inmutable es el ser y todas las cosas materiales, el cuerpo, las personas, las circunstancias y los hechos son sujetos al cambio permanente.

No viva aferrado a su riqueza o pobreza porque la esencia de la vida es el cambio. Si usted se ha concentrado en vivir su ser infinito, estará bebiendo el elixir de la vida eterna, porque la vida es nacer y morir pero nuestro ser es eterno.

Los alquimistas pretendían convertir todos los elementos en oro. La verdadera alquimia de la vida es convertir todos los pensamientos tortuosos y dolorosos en el placer espiritual del ser infinito. Vivir en el ser, es la más excelsa de las glorias que un humano pueda experimentar.

El ser infinito dentro, convierte todo el viacrucis, el drama en la más armoniosa y agradable experiencia de vida, más allá de la montaña rusa de placer y dolor.

Ejercicio, meditación.

Para un equilibrio mente, cuerpo, espíritu, vigila la calidad de tus pensamientos, para ello mantén una rutina diaria de meditación para centrar la mente y de ejercicios físicos, para oxigenar y rejuvenecer el cuerpo.

Ejercicios de **chi kung, falun dafa, taichi, yoga, joggin,** deporte no competitivo, caminatas, revitalizan el cuerpo y energizan la mente para enfrentar los desafíos de la existencia.

Hay cientos de estilos de meditación de acuerdo con los gustos de cada persona. Meditar ayuda a conectarse con el ser interior, centra los pensamientos de su caos natural, organiza la mente, aclara los análisis y mantiene un nivel de tranquilidad en cualquier situación.

En este orden de ideas es clave eliminar los odios porque son las emociones más nocivas que hay. De la misma manera, aprenda con Gamma Energetics como exorcizar sus miedos para lanzarse a disfrutar la aventura de la vida con nuevos retos.

El ejercicio debe ser moderado. Su principal objetivo es mantener saludable el cuerpo, oxigenadas las células, conservar la vitalidad, sentir la plenitud física. Gastar grandes cantidades de energía en poco tiempo es una forma de agotar las reservas.

En la ecuación input-output de potencia energética procuremos conservar un superávit para un sano equilibrio. Si gastamos más energía de la que ganamos con la comida, la meditación y el sueño, allanamos el camino de la enfermedad.

Estar rodeados por la naturaleza nos garantiza captar los excedentes de fuerza, prana, de los árboles sin necesidad de hacer ejercicio, los japoneses lo llaman "baño de bosque". Procure practicar técnicas que lo llenen de energía por encima de aquellas que lo desgastan.

Considere los obstáculos que se le presentan como un desafío o una aventura que le permitirá sentir adrenalina y gozar la sensación de placer físico y emocional cuando ha pasado la turbulencia. Acomódese a todo lo que ocurre y no sea caprichoso al luchar de manera terca, para que los resultados se den como usted quiere.

La mayoría de las veces el desenlace es mejor de lo esperado pero si no es así, acéptelo sin oponer resistencia. Sea como el bambú flexible ante el viento que soporta todas las tempestades, en tanto que los otros árboles que oponen resistencia, son arrancados de raíz.

El dinero y el trabajo.

El trabajo es una de nuestras principales preocupaciones. Es el lugar donde permanecemos la mayor parte del tiempo. De su naturaleza y cantidad dependen en buena medida nuestra salud física y mental.

Se requiere amar lo que hacemos y en el mejor de los escenarios, hacer lo que amamos. Si no hay amor por el trabajo estamos frente al germen de la enfermedad.

Es preferible cambiar de actividad por algo que disfrutemos de manera plena, los estándares de productividad se disparan si estamos enganchados en la acción que nos gusta y satisface. Podemos estar ocupados durante muchas horas y no percibir el cansancio. En todos los casos es prudente trabajar máximo ocho horas al día, porque el desgaste natural del cuerpo y del sistema nervioso, nos lleva a la enfermedad.

En ese orden, las vacaciones y la desconexión con los problemas del trabajo son prioritarias; para ello debemos meditar y enfatizar en prácticas deportivas o artísticas que nos separen de la rutina de trabajo.

Además el exceso de trabajo lleva a un rendimiento marginal decreciente, es decir que la calidad de nuestro trabajo se reduce de manera sustancial, cuando superamos el límite de las ocho horas.

Una forma común de drenar o gastar la energía es la mala relación con las personas que trabajamos. Es una guerra invisible y a veces imperceptible. Estamos preparados para atacar o sentirnos víctimas.

Los sentimientos preponderantes son: ira, rabia, envidia, odio, resentimiento, venganza. Cuando la guerra es abierta, las consecuencias son desastrosas. Mediante los procedimientos de Gamma Energetics debemos sanar esos sentimientos y emociones negativas para obtener un ambiente de trabajo sano.

Por ley de Resonancia las personas objeto de esos sentimientos cambian en forma positiva con nosotros, cuando eliminamos estas manifestaciones negativas de nuestra mente.

El mundo y su evolución son iguales pero si sustituimos la percepción que tenemos de él, por una más amable y eliminamos la resistencia a los acontecimientos, los aceptamos, entonces modificamos nuestro karma.

Ser noble de carácter nos ahorra un sinnúmero de problemas. Limpiar nuestras emociones negativas aumenta la posibilidad de gozar de buenas relaciones interpersonales.

En el trabajo se reflejan muchas creencias negativas de las personas porque hay un intercambio de información hombre a hombre. Negar el principio de autoridad, rebeldía, acaparar las tareas de otros con resultados desastrosos, eludir la responsabilidad, concentrar la labor en una persona eficiente son ejemplos de fallas por programas insertados en las personas a lo largo de su vida y que ameritan ser sanados para siempre.

Todos llevamos la carga de emociones negativas o positivas al mundo exterior, en la interrelación laboral, encontramos que muchos empleados se enferman de manera continua, al tener un jefe exigente e injusto.

Las nuevas técnicas de desarrollo de talento humano, involucran ejercicios para que el trabajador se sienta feliz en su ambiente y por ende aumente la productividad.

Los primeros que ameritan sanarse son los jefes, dado que si en la cúpula de la estructura organizacional los jefes son neuróticos, toda la pirámide se contagia de malas relaciones, neurosis, guerra y sufrimiento.

Rechazo inconsciente al dinero.

Por cultura de esta o de otras vidas, algunas personas consideran el dinero como algo obsceno y pecaminoso. De hecho en la Iglesia se escuchan muchos mantras en contra del dinero.

Modifique su postura frente a la riqueza o el dinero y no lo rechace. Tener dinero no es pecado ni descarta la posibilidad de contribuir con su bienestar.

Tampoco será vetado para entrar en el reino de cielos, de hecho si aprendemos a vivir; el reino de los cielos puede estar ahí en su corazón, en la infinita sabiduría de su ser.

Ciertos programas como que "un rico no puede entrar en el reino de Dios" se han concebido para destruir la ambición legítima del hombre por conquistar con su inteligencia y trabajo, la riqueza.

Otra cosa es la codicia con la cual el fin justifica los medios y se cometen toda clase de arbitrariedades y maldades, con el objetivo de ser rico. Pero en forma legítima todo hombre tiene derecho a la abundancia y la riqueza.

Use la caja de herramientas de Gamma Energetics para borrar de su psiquis todos los programas de culpa y satanización en relación con el dinero.

El trabajo dirigido a servir a la humanidad produce las más altas satisfacciones y variadas formas de riqueza. Levantarse con la mente concentrada en la solidaridad y la compasión genera una felicidad indescriptible.

Una mente clara como consecuencia de estar limpia de pensamientos, sentimientos, emociones o creencias negativas, diseña un camino pletórico de éxitos y satisfacciones, da un placer en cada instante por el simple hecho de estar vivo.

Es una alegría implícita como si estuviéramos conectados a una gran central de energía divina. Los acontecimientos pasan a un segundo plano para prevalecer en el amor puro que emana de nuestro centro corazón.

El placer, el ocio, la gente, la aventura.

Vivimos una época "Epicuriana" de estar atados al placer del cuerpo y de los sentidos. Algunos de estos placeres se convierten después en enfermedad y tortura para los seres humanos.

Como todo exceso, el umbral del placer se desdibuja para convertirse en un verdugo. Si aprendemos a vivir en el ahora, en la maravillosa sensación de apertura, de paz que nacen en el chacra corazón, nuestra vida es otra cosa.

Todos los placeres mundanos son válidos porque estamos en el interior de un cuerpo físico. Pero la esclavitud del placer y los excesos, crean dolor cuando desaparece la fuente de la fruición o cuando se llega al límite del éxtasis y sobreviene la depresión.

Algunas drogas heroicas y el alcohol, despilfarran nuestras reservas de hormonas cerebrales y en consecuencia el individuo se siente abatido, melancólico, triste y deprimido.

Encontrar la paz interior en el centro de nuestro corazón espiritual, nos da el equilibrio para disfrutar cada segundo de la existencia, porque nuestra verdadera dicha no proviene ni de las cosas o las personas, sino del ser infinito dentro.

Una sensación de alegría y serenidad subyace en todos los

momentos por el simple hecho de ser conscientes de nuestra conexión con lo divino, por medio de la meditación o por contacto con un ser divino a través de la oración.

El contacto con la naturaleza en los bosques, los parques, la playa, el mar es una fuente de recarga de baterías por la captación del prana que emana de esas fuentes, "El baño de bosque" es una actividad que gana cada vez más adeptos. La compañía de mascotas o el observar con afecto a los animales es otro recurso importante en la absorción del prana de la vida.

Aprender a vivir nos enseña equilibrio. El deporte, la comida, el sexo, los hobbies o aficiones, los viajes, el contacto con la naturaleza, son claves para descansar de los problemas en un mundo de capitalismo salvaje.

Pero disfrutar sin excesos, en la medida justa, es la regla de oro para descansar y recargar las baterías de prana o energía vital.

Cuando hablamos de ocio nos referimos a aquellas actividades recreativas en las cuales el individuo se siente libre. Es el "dolce far niente" donde surge el ser infinito dentro.

Puede ser la meditación, la conciencia enfocada en el mero acto de respirar, el desarrollo de una acción que nos produce placer en el alma o también la práctica de nuestro deporte favorito y el deleite de una labor creativa o artística.

En todas estas tareas el denominador común es la captación de **chi** o **prana** para llenar el almacén de energía del cuerpo y la psiquis.

La amistad es el vínculo más importante en nuestra vida con otros seres humanos. La ciencia ha comprobado que nuestro cerebro produce **oxitocina**, **dopamina**, **feninalanina** y **endorfina**, hormonas que fundan bienestar, alegría y entusiasmo a la vez que reducen el estrés del individuo, que goza de la compañía de sus amigos.

Los amigos dan consuelo en los momentos difíciles y comparten las experiencias agradables de la vida. Cultivar amigos es una garantía de salud mental.

La familia.

La otra esfera importante de nuestra existencia es la familia. Trabajamos y luchamos para repartir nuestros ingresos con nuestros amados. La familia es un núcleo esencial en el equilibrio de un individuo.

Mantener la coherencia y la unión familiar debe ser uno de los preceptos en el devenir diario, si descuidamos este aspecto primordial, puede sobrevenir la enfermedad.

La familia es sinónimo de solidaridad, compañía, integración. Es una válvula de escape a los eventos que nos golpean. La familia es el sustento amoroso del hombre. La energía que emana de sus integrantes constituye la más poderosa inyección de amor, valor, optimismo, comprensión que nos anima a continuar este periplo llamado vida.

Disfrutar de nuestra familia en lo posible todos los años de existencia, es el motor insustituible de la producción humana cuando reinan el amor y la compasión entre sus miembros.

Si descuidamos alguna de las áreas referidas antes, no podemos afirmar que somos exitosos. Nuestro paso por este mundo existencial debe mantener un balance entre el trabajo, los deberes, el placer, las amistades y la familia. Acá vale la pena recalcar la importancia de eliminar apegos para deleitarnos sin dolor, amar a las personas, actividades o cosas sin el dolor que produce su pérdida.

En la caja de herramientas de Gamma Energetics hay varias técnicas para eliminar apegos y conmoción emocional por la pérdida de las personas u objetos que amamos.

La práctica espiritual.

Durante la actividad podemos estar conscientes de la respiración y contactar nuestro divino interior. Al hablar de una práctica espiritual hacemos énfasis en tener tiempo para ser conscientes de que nuestra identidad no es el cuerpo que habitamos. En otros términos la práctica espiritual es destinar tiempo para sentir la verdadera esencia del ser.

Una persona demasiado ocupada no tiene tiempo para disfrutar el amor de su familia y menos para gozar el placer inefable del ser interior. Por eso recalcamos la importancia de meditar para unirnos en comunión con el ser infinito.

Es clave destinar tiempo para sentir la presencia divina como la actividad más importante que realizamos a diario, para nutrir el alma, así como comemos o dormimos para alimentar el cuerpo.

De hecho cuando alguien está conectado en forma permanente a su ser, no necesita alimento de la naturaleza para subsistir, sólo se nutre de prana o energía vital que capta con la respiración.

Hay registros de miles de personas que no necesitan alimento sólido para subsistir. La maestra australiana Jasmuheen enseña cómo conseguir alimento para el cuerpo con sólo respiración, es una bretharian o respiracionista. El núcleo de su método radica en ser conscientes del ser infinito dentro de cada uno y respirar hacia ese centro de energía universal.

Cuando la práctica espiritual se repite a diario o en cada momento libre de las acciones diarias, se convierte en el eje de nuestra vida, es una cita con la felicidad inmanente que surge del ser.

De todos los compromisos este es el más importante, por el cual reencarnamos y el soporte para cumplir con la misión de purificar nuestra alma en este cuerpo. Todo lo demás es adjetivo y secundario.

La evolución espiritual involucra el final del misticismo concentrado en las fuerzas externas y en maestros externos al hombre, para conceder el valor real del humano, en la historia de las especies. Dicha evolución es un reconocimiento a la divinidad que reposa en cada individuo que ha trascendido su ego.

Ello no significa romper con las creencias que se han masificado como religiones en los últimos 5.000 años, sino de trascenderlas. Se trata de volcar la atención hacia el interior del ser humano, para encontrar las respuestas y no perpetuar la búsqueda en lo externo para explicar su naturaleza divina.

Los grandes maestros interpretados para el bien de la humanidad, no de sus arúspices. Es el final de la historia para los intermediarios espirituales llamados pastores, curas o ayatolas y demás jerarquías. La comunicación con la fuente divina es individual e intransferible, exenta de peajes de cualquier naturaleza.

Es la eliminación de la influencia de los textos sagrados y de sus intérpretes en la pacificación y armonización del humano por la búsqueda individual de su propia esencia divina.

Cada ser humano busca la anulación de su ego como obstáculo principal en el ascenso hacia su propia felicidad y realización. Las conciencias menos desarrolladas serán reemplazadas en la esfera conductora de los países y del planeta para redirigir a la humanidad hacia un destino auténtico de superación como especie.

Si el común denominador de los dirigentes ha sido la psicopatía y la enfermedad mental, ahora emergerán verdaderas cumbres espirituales en la conducción de la humanidad. Es la priorización de la búsqueda de la verdad y la conquista espiritual real del humano como creatura divina de la más perfecta factura.

Significa el cambio en la estructura de la producción y en la distribución de la riqueza para que todos quepamos en este mundo en condiciones similares y para que surja el amor y la compasión por sí mismo, que es la base del amor por los demás.

El trabajo espiritual es derrumbar todas las barreras para que el ser divino brille dentro de cada uno y la ambrosía del Olimpo reine en nuestros corazones. Es estar conectado día a día, momento a momento con la dimensión pura de la divinidad y anclar allí, el decurso de la vida como una historia feliz.

Es detener el sutil poder del amor universal para irrigarlo en todas las conciencias. Es vivir el nirvana jamás soñado, acá en nuestra existencia, en la tierra y la unidad con todos los seres.

¿POR QUÉ GAMMA ENERGETICS?

El objetivo de esta tecnología de sanación es encontrar la divinidad presente en todos los seres humanos. Cuando la mente está en el ahora, disfruta en la quinta dimensión, la unidad en el amor puro con todo lo que es.

Es a través del amor, como el humano puede realizar las más grandes proezas e incluso ordenar sobre la materia orgánica e inorgánica. Es la forma natural como los grandes avatares producen milagros porque viven en esa frecuencia divina del amor puro. El objetivo de este libro es enseñar a cada uno, como conseguir la vibración y la frecuencia del presente-ahora por medio de las meditaciones que ordenan a los trillones de células del humano, disfrutar las delicias de vivir en esa dimensión; cuando logramos estar centrados en el ahora, aflora la divinidad interior que todo lo conecta y la dicha simpar invade todos nuestros cuerpos: físico, astral, pránico, emocional, mental, kármico y espiritual.

Para culminar esta tarea con resultados óptimos, nos aproximamos a la limpieza del pasado y el futuro de emociones, sentimientos y creencias de baja frecuencia que rigen el inconsciente del individuo y lo incitan a actuar de manera equivocada en el transcurso de la vida. Este actuar equivocado es un gran detonante de dolor y sufrimiento.

De acuerdo con la convención aceptada como patrón de

medición, nuestra mente adopta diferentes frecuencias según los estados de conciencia o inconsciencia que viva.

Así puede pasar de estado beta o vigilia a estados más profundos, como theta o delta durante el sueño o la hipnosis y en algunos casos excepcionales, estar en la frecuencia gamma, cuando el cerebro emite más de 40 ciclos por segundo, un estado despierto pero al mismo tiempo, en el disfrute de la ambrosía maravillosa del amor puro.

Los grandes maestros de las culturas India, China y Japonesa nos enseñan diferentes tipos de meditación, cuyo objetivo primordial es contactar y despertar en cada ser humano esa chispa divina de la que habló Jesucristo. Ese toque divino en efecto, está latente en todo humano y lo podemos traer a un estado activo para vivir el paraíso en la tierra.

Es lo que denominamos el despertar y la iluminación. En estados muy profundos de éxtasis a través de la meditación, el cerebro emite más de 40 ciclos por segundo que es la llamada frecuencia gamma; en esa vibración sentimos compasión por lo que existe y nos unimos en amor universal a todo.

A través de esta tecnología Gamma Energetics, logramos llevar al lector o al cliente, a la frontera de la iluminación y su evolución depende de los factores kármicos de cada uno, para que se cristalice ese salto cuántico en esta vida.

Gamma Energetics le da a cada persona que lo práctica, momentos u horas de una indescriptible felicidad por encima de los condicionamientos de la rutina diaria, al transformar dolor y sufrimiento en alegría y dicha profunda.

Con Gamma Energetics no necesita retirarse a las montañas para aislarse del mundanal ruido. La increíble fruición y deleite que surgen de su corazón serán asequibles de manera fácil todos los días al practicar los ejercicios y sanar su mente de energías de baja frecuencia. Al mismo tiempo Gamma Energetics le da las herramientas para sanar a otros e inducirlos en su ser infinito, un océano de alegría y felicidad.

Libertad de credos.

Esta metodología de trabajo respeta las creencias e ideologías de cada quien, pero enfatiza que la comunicación con la energía divina, es factible en cada uno y en todos los humanos sin ningún tipo de intermediación.

Dicho en otros términos, la fuente divina de todo lo que es o Dios, reside en cada uno de nosotros tal como lo afirmó Jesús y otros avatares.

La energía vital que todo lo crea y modifica reside tanto en el átomo como en el cosmos. Se expresa como un amor inefable e indescriptible que surge en nuestro Chacra corazón e impregna los trillones de células de nuestro cuerpo.

Conseguimos este estado de conciencia al suprimir por un tiempo la mente y el ego para que irradie con luz propia la divinidad interior.

Apagar la mente es entonces uno de los objetivos de este trabajo. Encender la chispa divina en el centro corazón y disfrutar la captación de prana, la posibilidad de sanar con física cuántica a otros (tema que abordaremos en otros libros) y vivir la plenitud de la vida con satisfacción y deleite; es el otro objetivo.

Nuestro cuerpo es una muestra holográfica del universo en el que habitamos y nuestro centro corazón es un fractal de la energía divina, que todo lo crea y todo lo modifica.

Hoy no es necesario vivir en un monasterio para obtener la amrita divina, las emisiones de energía Gamma del sol y de la estrella central de la galaxia están modificando nuestro ADN de tal forma que para aprender y evolucionar podemos esquivar el sufrimiento y el dolor.

Gamma Energetics es una poderosa tecnología de sanación, fácil de implementar y con resultados rápidos y sorprendentes. Es el resultado de múltiples enseñanzas de maestros tradicionales y canalizaciones modernas de culturas más desarrolladas.

Mente cuántica.

De acuerdo con la teoría de Max Planck el universo es influido por la conciencia a través de la mente. Si limpiamos esa mente de pensamientos y emociones negativas del pasado y de proyección hacia el futuro, nuestro cerebro será muy potente para conectar con esa conciencia y modificar el mundo de acuerdo con nuestros deseos.

Desde luego estos deben ser acompañados por la más poderosa de todas las fuerzas: **el amor puro.**

Las palabras que pronunciamos se traducen en la mente como vibraciones y frecuencias que nos hacen producir una onda determinada con la que resonamos. Por una ley cuántica mediante la cual semejante atrae lo semejante, construimos nuestra realidad.

Esta verdad en nuestro cuerpo actúa con la producción de enzimas y hormonas que convierten en acción nuestros pensamientos. Si ellos son de amor, copamos el cuerpo de dopamina, oxitocina y serotonina, que proporcionan el máximo bienestar en todos los órganos y sistemas.

Si por el contrario las emociones son de odio o miedo, una química nociva recorre el cuerpo. Se segrega adrenalina por orden de la amígdala en la zona central del cerebro, prolactina, cortisol, entonces la persona puede volverse agresiva, en razón de los pensamientos negativos que ha impulsado y disminuye la capacidad del sistema inmunológico para defender al cuerpo de las enfermedades.

Esta es una de las razones para albergar y producir pensamientos positivos a lo largo de la existencia. La química de las palabras engendra malestar o bienestar en el cuerpo del individuo pensante y crea una onda de fotones que alteran el ambiente a su alrededor.

El objetivo de Gamma Energetics es modificar la programación de las células del cuerpo para limpiar los pensamientos, sentimientos, emociones y creencias negativas y convertir nuestro arsenal celular en un emporio de virtudes, paz, felicidad y amor por todos los seres de este mundo, como también labrar un presente y un futuro auspiciosos.

Otro de los temas claves de Gamma Energetics es abordar el chacra corazón como el foco central de los ejercicios que estimulan la química del amor.

En el centro corazón o cuarto chacra guardamos una fuerza de increíble vigor que llamamos el ser infinito. Cuando estamos sintonizados con el ser infinito, una ola de magia, bienaventuranza y compasión envuelve todo lo que nos rodea.

Es la alquimia espiritual que convierte cualquier hecho o pensamiento en amor universal al pasarlo por el filtro del centro corazón.

En síntesis conseguimos estar en el presente-ahora y disfrutamos de la inefable felicidad del ser en el centro de nuestro pecho, sin ego ni mente en una liberación de la dualidad placer-dolor.

La vida presentará sus dificultades, pero las enfrentaremos con otros patrones mentales que nos saquen de las cadenas de pensamiento, que conducen al dolor o el sufrimiento.

Recibiremos todos los regalos del diario vivir con agradecimiento y con las cualidades excelsas del alma que surgen del centro del corazón para compartir con los demás como un bello presente, sin resistencia; los acontecimientos, con la muy alta vibración y los más refinados sentimientos.

Según **Seth**, la conciencia es como una lámpara que podemos enfocar en diferentes direcciones alrededor nuestro. Estamos acostumbrados a un sólo enfoque donde reside nuestro ego.

Si giramos la lámpara tendremos conciencia de nuestro ser multidimensional independiente del ego como centro. En estos ejercicios buscamos centrar la mente en nuestros cuerpos emocional, mental, espiritual para producir cambios fundamentales en el inconsciente y sanar el dolor, la tristeza, la depresión.

Siempre tenemos la opción de cambiar el canal de conciencia para vivir en la eterna felicidad del ser. Podemos enfocarnos en sanar nuestras células de otras vidas, en la herencia genética, en la curva ancestral y producir la tan anhelada armonía, paz y felicidad de nuestro ser en la quinta dimensión.

SACAR LA BASURA

Imagine una casa donde en 20 o más años no se ha sacado la basura, los microorganismos montan su imperio y las enfermedades crean su caldo de cultivo. Vivir entre esa podredumbre se convierte en una tarea épica. Estar feliz es casi imposible por la cantidad de suciedad que nos invade que en la práctica no permite movilizarnos.

Sobreviene entonces el asco por esa inmundicia que se apoderó de nuestra vivienda. Eso ocurre cuando nunca hemos limpiado el mundo psíquico de la mente y tampoco sus fases de conciencia e inconsciencia.

Todos hemos oído hablar de la importancia del perdón, no tanto para congraciarnos con los demás como para aliviar nuestra propia tensión. Pues bien la mayoría de personas deambulan por las calles y veredas de este planeta sin saber que los odios, rechazos, ira, rabia, rencor, ansiedad, pánico, miedos, fobias, apegos, conmoción, depresión, culpabilidad etc, deben eliminarse de la mente del individuo para conservar su salud mental emocional y física.

La verdadera felicidad del individuo se produce cuando estas emociones han sido borradas y emerge la verdadera naturaleza de la mente, que se conecta con todo en una sinfonía de amor, es la presencia del ser, rescatado de las entrañas del dolor y el placer.

El hombre nace FELIZ "per se", independiente de las cosas, personas o circunstancias que lo rodean, pero surge la manzana de la discordia que lo condena a vivir la montaña rusa del placer y el dolor terrenal.

Cuando el hombre se libera de ese yugo de sentimientos, emociones y creencias, experimenta el cielo en la tierra, la emoción eterna del amor universal que todo lo penetra y la paz que adorna una vida espléndida de servicio a los otros humanos.

Este libro enseña cómo sacar la basura psicológica de sus células y andar liviano para enfrentar los desafíos de la existencia y para que independiente de las ideas religiosas que profese o de los golpes de la vida, siempre esté feliz y tranquilo.

Huelga decir que si tenemos un equilibrio emocional, podemos curar las enfermedades que alguna vez nos aquejaron en el pasado, para prevenir otras dolencias, que podrían aparecer en un futuro, porque la sanación penetra el mundo superior de la conciencia donde la energía se expresa.

Otra de las consecuencias de sanar emociones negativas es el rejuvenecimiento. Las células del cuerpo cambian todas (incluso las neuronas) en un periodo de hasta dos años. El envejecimiento es una enfermedad silenciosa que se produce inducido por sentimientos dolorosos no sanados o emociones fuertes que conviven en las células de un individuo.

Cuando una persona sana un odio o un trauma que la acompañaba por un buen tiempo, se nota su rejuvenecimiento al relajar el cuerpo tenso que sostenía esa basura psicológica.

Después de limpiar una emoción negativa mírese al espejo y notará como ha recuperado la jovialidad y la juventud.

LA FELICIDAD PUEDE SER PERMANENTE

Todo tiene que ver con nuestra evolución de personalidad a través de las vidas que hemos trajinado y las subsiguientes que viviremos. La Sanación, no es sólo el sentirnos mejor, más fuertes en el plano físico, estables, gozar todas las experiencias mínimas de esta existencia.

Es también preparar el terreno para nuestra próxima encarnación, en caso necesario, para disfrutar de manera plena y consciente el variopinto escenario de satisfacciones físicas, emocionales, psíquicas.

Nuestro pensamiento es un faro que va creando las autopistas por las que trasegaremos en este recorrido vital, tal como pensamos, somos. De la manera que pensamos, construiremos nuestro destino.

Para ello contamos con nuestras habilidades mentales y psíquicas que se traducen en destrezas utilizadas para conseguir u obtener los logros que cada quien se traza como meta.

Lo primordial en el acaecer diario es respetar todas las conciencias que conviven con nosotros en el planeta. **Toda conciencia es sagrada.** De otra forma los humanos nos hacemos **hara- kiri** al no considerar la naturaleza y sus ciclos de conservación.

Un conocimiento erróneo de la raza humana, es que los programas que existen en la conciencia o en la psiquis de cualquier individuo son inamovibles e inmodificables.

Hoy sabemos porque la ciencia lo ha probado, que podemos reprogramar las células de un humano, para mejorarlo en todos sus aspectos de vida, desde lo físico hasta lo espiritual.

Esta des- programación de los hábitos perniciosos o dañinos que se modifican por otros más eficientes o sanos, se desarrolla de una manera sencilla, porque las células obedecen al pensamiento o a la palabra en determinados estados de conciencia.

De tal manera que cualquier individuo se puede transformar en un ser más inteligente, asertivo, productivo, eficiente y mucho más satisfecho o feliz, que antes de someterse a los cambios en su mente y en su psiquis.

Aprender a ser feliz.

Llene el momento presente con algunas de estas imágenes que le traen paz, ventura y auto realización.

Tener un arsenal de recuerdos placenteros o de imágenes bellas, para sentir las emociones y los sentimientos de gozo.

Sintonizar siempre canales de conciencia con información que produzca plenitud y felicidad.

Repasar un álbum de fotos de los sitios que ha visitado en donde ha estado alegre y satisfecho.

Repasar momentos felices con alguien en diferentes circunstancias.

Escuchar una sinfonía o una pieza de música de cámara y concentrarse sólo en vivir cada compás y cada instrumento.

Escuchar la música que lo pone alegre y divertido.

Acariciar a un ser querido y rememorar momentos mágicos con esa persona. Consentir a una mascota.

Revivir momentos intensos de realización plena en compañía de la naturaleza.

Rememorar el momento de graduación de bachiller o profesional.

Rememorar cuando fuimos elogiados en público.

Rememorar una emoción intensa, cuando nuestros hijos o familiares fueron premiados.

Recordar momentos bellos con nuestra familia.

Recordar situaciones cómicas donde nos reímos a carcajadas.

Ver una comedia para reír lo suficiente.

Ir a una obra de teatro y sentir cada uno de los personajes.

Ir a un concierto de nuestro artista favorito.

Recordar un concierto donde compartimos con amigos.

Vivir en intensidad los momentos más encumbrados en una ceremonia espiritual, un templo o una iglesia.

Recordar momentos cumbre de nuestra alma cuando ha llegado a dimensiones inenarrables de arrobamiento y placer espiritual.

Leer chistes.

Recordar una cena o banquete cuando nuestros sentidos estaban llenos de placer y plenitud.

Recordar momentos estelares donde sentíamos dentro, la divinidad del ser.

Experimentar la felicidad y el gozo supremo que residen en nuestro chacra corazón.

Estar alegre, descomplicado, feliz.

Percibir la confianza y la plenitud del ser infinito dentro.

Recordar con lujo de detalles un viaje en la naturaleza.

Ir al campo o a un parque y contemplar en su grandeza a cada uno de los seres que allí habitan, árboles, troncos, flores, hojas, hasta sentir la conexión divina con ellos.

Recordar paisajes extraordinarios y experimentar cómo nos involucramos en esa vivencia al sentir en nuestra piel, oler y respirar ese espacio bello.

Los patrones reinantes.

Primero cambiemos todas las costumbres nocivas o destructivas que nos invitan a fracasar en la obtención de una existencia más agradable, esto nos garantiza modificar aquello que nos impide progresar o ser felices ya. En este rango consideramos todos los vicios o adicciones que hacen insoportable la vida y que nos preparan para eludir las acciones que consideramos benéficas en el diario discurrir.

Aquí es clave eliminar apegos de toda índole y de paso borrar el sufrimiento implícito o dolor que trae consigo.

El siguiente punto modificable son los miedos que nos atrapan y que excitan la imaginación para que nuestras metas sean distantes o improbables. Si algo coarta nuestra libertad son estas emociones negativas incrustadas en el inconsciente de la psiquis.

Si algo paraliza la acción es la influencia negativa de los miedos a lo desconocido o al futuro, que levantamos en construcción día a día.

Actuar nos ayuda a demostrar que la mayoría de temores son injustificados y que pertenecen al diálogo inútil y permanente de nuestra mente consciente.

Salir de la zona de confort es un reto para alguien que desea darle un poco de adrenalina a la rutina incesante. Para ello ir adelante de los temores es imprescindible. Pero no es tan complicado si aplicamos la tecnología de Gamma Energetics para reprogramar la mente subconsciente en ese sentido.

Otros sentimientos que envenenan la mente y por consiguiente el cuerpo son la ira, el rechazo, el rencor, la rabia y el odio. Al limpiar el pasado, toda secuela de estos sentimientos debe ser borrado de la memoria celular.

Nada nos engancha tanto como un odio a alguien o a algo, para que lo compartamos por tantas vidas, hasta cuando lo liberemos. Nada nos hace más daño que odiar.

Es la antípoda del amor universal que tantos beneficios nos aporta. Odiar o envidiar prepara el cuerpo para una guerra permanente, hasta cuando agotemos las reservas de adrenalina y el cuerpo con sus órganos y sistemas, sucumba hasta llegar a las enfermedades terminales.

Debemos borrar de la conciencia de cada átomo de nuestra personalidad estos sentimientos, emociones o pensamientos que estimulan la guerra absurda con otros humanos, cosas o animales.

El odio mata sin piedad primero al desafortunado poseedor

de este sentimiento. Al limpiarnos liberamos nuestras células para aportar optimismo y alegría implícita al diario vivir.

La culpa es el otro cimiento en el que se basa nuestra civilización, es una herramienta de esclavitud que se usa con frecuencia en todos los medios de comunicación para someter a otros.

La culpa, el pecado y el error devienen a la persona merecedora de castigo. La culpa y el pecado inhiben el funcionamiento pleno de la mente para cocrear un mundo mejor para nosotros.

El merecimiento de castigo implícito en la culpa, genera el mayor volumen de enfermedades que el individuo atrae para pagar por sus errores. Si la tercera ley de Newton nos dice que cada acción produce una reacción, ¿para qué hablar de culpas y pecados? Si todo lo que cada individuo produzca como fruto de su acción, genera una reacción contraria, ¿qué objeto tiene culpar o llamar pecador al sujeto?

¿No es acaso un castigo adicional o psicológico a quien actúa de ese modo? La culpa y el pecado nos invitan a ser manipulados por quienes afirman ser los representantes de la divinidad en la tierra. De esta forma negamos nuestra divina esencia y conexión íntima con lo Divino.

La culpa produce el mayor número de enfermedades en el individuo que de manera inconsciente afirma ser merecedor de castigo por sus acciones. Este castigo se auto inflige en forma psicosomática y da como resultado enfermedades de difícil diagnóstico para la medicina regular.

Cuando el individuo quebranta la ley, recibe su condena o pena. Si las leyes de los países no lo castigan, las leyes del universo se encargan de hacerlo en esta vida o en otra, para cumplir con la ley de energía de Newton.

Entonces no tiene sentido llamar pecador al humano corriente, ni endilgarle culpa adicional. De hecho cuando llamamos pecador a otro, establecemos una diferencia con nosotros, una distancia que nos repele el amar sin medida a nuestros semejantes.

Cuando nos sentimos pecadores, de manera implícita pedimos

castigo adicional al que la vida nos da en su sabiduría y bloqueamos nuestros deseos, quimeras, sueños, porque no los merecemos.

Otro sentimiento o emoción de gran impacto es el dolor emocional o trauma producido por situaciones específicas de violencia o miedo en la historia de una persona. Al borrar estas impresiones de la célula liberamos órganos y a veces sistemas completos del cuerpo físico.

Enfrentamos uno de los mayores generadores de pánico y miedo. Una vez que conocemos la lección que esa situación dejó como experiencia es fácil eliminarlo de la historia del individuo.

Al limpiar el trauma, todos los cuerpos experimentan una paz y una liberación que permiten alcanzar un nivel de felicidad por el simple hecho de existir.

Pero liberar el inconsciente de un pasado tortuoso, no obsta para ser feliz con plenitud. Se requiere enseñar a las células a vivir en el presente.

El presente ahora, la clave de la felicidad.

Al limpiar los patrones reinantes que nos ligan al pasado, cambiarlos por otros más sanos, damos un paso adelante en nuestra evolución. Pero no todo está terminado.

Este cambio inminente de nuestras células en el pasado liberador nos permite permanecer lejos de la obsesión por algún hecho pretérito y es una herramienta indispensable para encontrar el equilibrio mental.

Tenemos ahora el reto de cambiar los patrones mentales del tiempo, que hemos aprendido por eones, que contribuyen a mantenernos aferrados al sufrimiento y al dolor existencial

EL MIEDO: LA ENFERMEDAD SILENCIOSA

En el siglo de la Internet y de la inmediatez, el miedo se proyecta como una peste que azota a la humanidad entera. Si usted analiza la televisión encontrará que las noticias están escritas por periodistas llenos de horror que desean sembrar el pánico colectivo, así no sea deliberado.

La publicidad se desarrolla para cubrir el miedo a la enfermedad, la muerte, a la vejez, a la insolvencia económica. Otros productos se venden para paliar el miedo a la desnutrición, la fealdad, a la obesidad, a la flacura. El miedo a la soledad está implícito en la publicidad de las cirugías plásticas y los gimnasios.

El miedo a los totalitarismos comunista o fascista se promueve en la publicidad política. En esta última se persuade a la gente para solucionar el hambre, la miseria, la desnutrición, el analfabetismo, la carencia de vivienda y el miedo a la enfermedad a través de los sistemas de salud.

La paz o el miedo a la guerra está explícito en muchas campañas políticas como señuelo para atraer votantes. Las iglesias promueven el miedo al infierno y la satanización de las otras creencias, para evitar la migración de sus clientes-fieles. El miedo al castigo divino lleva a millones de personas a pagar sus diezmos como impuestos para ganar un puesto en la gloria de Dios.

Existen miles de miedos, desde perder un año escolar o universitario, hasta perder el empleo, o la pareja o la muerte que ronda nuestras vidas. La publicidad de los seguros se maneja directo a los miedos: al incendio, asonada, temblores, accidentes, vejez, muerte.

El miedo no es una exclusividad suya.

Todos estamos conectados en red según lo ha demostrado Gregg Braden, en la matrix holográfica. Ello significa que el "homo sapiens" está conectado de manera interdimensional con todos los seres y que influye en el proceso de transformación de la naturaleza del cosmos y de los propios individuos.

Además de la propagación de los miedos a través de todas las formas modernas de comunicación o medios, nuestra propia esencia electro-magnética-luz, nos permite recibir y trasmitir pensamientos, sentimientos o emociones la mayoría de las veces de manera inconsciente.

En este proceso es muy probable que la mayoría de sus espantos no sean propios, sino captados por nuestra potente antena y tomados como reflejo de nuestros problemas. Al recibir una emoción de temor, la más común, resuena con conflictos, dudas y condicionamientos de nuestra vida cotidiana.

Como resultado adoptamos esos condicionamientos como propios cuando en realidad, corresponden a otras personas o entidades.

En sitios de aglomeraciones como estadios, centros comerciales o en la calle usted capta estas energías negativas de aprensión o desasosiego y las asocia con sus problemas. Si no ha aprendido como desligarse de esos pensamientos es probable que entre en patrones, que lo llevan a crear escenarios de pánico.

Los temores y el pánico crecen en tanto asociamos la mente con el acontecer diario. Si somos esclavos de nuestra mente en la creación de escenarios de sufrimiento y dolor allí estará siempre presente el miedo como una señal paralizante de nuestra propia actividad.

Cuando nuestro pensamiento deambula del pasado al futuro, caemos en la red masoquista de los sobresaltos y tristezas de una mente anárquica.

Si logra usted vivir siempre en el presente aquí-ahora, disfrutará de una existencia carente de temores, terrores y pánico producto de su capacidad creadora en desmedro de su salud física y mental.

Gran parte de las catastróficas historias que están por venir, son producto de su mente lógica cuando juega al futuro. Son tempestades que nunca ocurrirán, más allá de su imaginación perniciosa.

La expresión del miedo.

Muchas personas expresan su miedo a través de la ira, la rabia, el odio, la agresión, la tristeza y al final la depresión. En caso contrario al no expresar sus emociones el sujeto cae en el aislamiento y la depresión, además de trastornos físicos y psíquicos.

Al evitar comunicar su miedo la persona puede quedar atrapada e inmóvil en esa emoción al sentir terror o quedar paralizada de pavor. El deporte y el yoga son disciplinas que ayudan a eliminar la adrenalina generada por esos sentimientos negativos.

El inhibir la expresión del miedo, como cualquier otra emoción, causa más daño que trasmitirlo porque termina explotando en sus órganos o sistemas al producir enfermedades de difícil diagnóstico.

El miedo a vivir o angustia existencial es la causa de múltiples enfermedades, bien sea porque se expresa con frecuencia o en caso contrario se somatiza al impedir su comunicación, se traslada o esconde en la conciencia del individuo.

El miedo y los agentes externos.

A veces luchamos contra una energía de miedo que en forma obstinada se repite durante las 24 horas del día. Expulsamos esa influencia perniciosa pero continúa ahí en nuestra psiquis. La conclusión puede centrarse en alguna entidad que haya penetrado el campo electromagnético de la persona y resida allí.

Las entidades entran en el campo de la persona por diferentes motivos. La persona se droga con alguna asiduidad. La persona bebe licor con frecuencia.

La víctima ingiere productos para entrar en otras dimensiones como **el Peyote, la Ayahuasca o Yage y el Sanpedro**. La persona invadida ha sido objeto de ataques psíquicos y/o hechicerías y el individuo posee facultades psíquicas como canal, capta espíritus errabundos, pero con frecuencia no lo sabe.

En estos casos no basta con expulsar la energía, se requiere eyectar la entidad del campo electromagnético de la persona o del lugar donde existen vestigios físicos del cuerpo o elementos usados por la entidad cuando habitó la tierra.

Estos fenómenos ocurren con frecuencia en casas donde murió asesinado alguien, fue torturado antes de morir o sufrió dolores físicos y morales por una enfermedad terminal.

La ciencia no avala por ahora la existencia del espíritu que está presente en la mayoría de las enfermedades mentales. Pero de acuerdo con Albert Einstein, la energía no se extingue, ni se disipa, ni se apaga, sino que se transforma. ¿Si somos una energía, a dónde va la nuestra cuando el cuerpo muere? ¿Dónde reside la energía vital que confiere existencia a un cuerpo?

Por diferentes razones algunos espíritus vagan en el océano de la subsistencia en dimensiones cercanas a la nuestra y su apego por la vida terrena, no les permite continuar su evolución en otras frecuencias y vibraciones.

Entonces quieren seguir disfrutando de la vida en términos de vicio, goce en forma de bacanales y a veces incitando a matar o actuar como agentes del mal en todas sus manifestaciones.

No todos los espíritus que rondan el campo electromagnético de una persona son malos. En ocasiones el espíritu de un familiar penetra el campo para proteger a un niño o de manera simple cuando el familiar sufre de un apego por el ser que deja el cuerpo.

En ocasiones el espíritu de un gran personaje entra en el cuerpo de un canalizador. Éste lo manifiesta en forma de trance y actúa tal cual como era el espíritu en vida, al sanar de enfermedades terminales o producir fenómenos de física cuántica llamados: milagros.

Para la ciencia estos fenómenos no existen, en el imaginario popular de todas la culturas existe una guerra soterrada de personas que quieren dominar a otras, con herramientas invisibles al ojo analítico del investigador.

El miedo y el dolor.

Esta es una emoción inherente al ser humano desde cuando tuvo que subsistir frente a las demás especies animales y frente a los propios humanos. En los millones de años de evolución del humano siempre se ha considerado el miedo como una reacción ante el peligro real o ficticio.

Se puede considerar como un mecanismo de defensa que se despliega en la conciencia frente a la amenaza de supervivencia.

El miedo puede insertarse en el pasado como una obsesión neurótica por algún hecho ocurrido que marcó en lo profundo, la psiquis de un individuo y que ante un signo que lo relacione en su mente por asociación con hechos dolorosos, se dispara de manera inconsciente.

El miedo entonces es hasta cierto punto necesario para preservar la vida porque prepara al individuo para defenderse en los momentos de amenaza.

El miedo psicológico puede ser generado por la mente ante situaciones que no corresponden a un peligro real. Pero el mecanismo de pensar e imaginar mediante tautologías puede producir miedo, o en la creación mental de situaciones desagradables que el individuo puede vivir, se desencadenan una serie de síntomas que tanto el cuerpo como la psiquis del individuo, sufren alteraciones que lo llevan al dolor.

Son las películas que nuestra mente vive de terror ante unos hechos que no han ocurrido. Es la angustia de vivir o de sobrevivir en este mundo de consumo y competencia. Así la frontera entre miedo y dolor se hace muy tenue, tanto que al hacer presa del miedo a un individuo le infringe una buena dosis de dolor, en otros términos el miedo lleva al pánico y este al dolor.

El miedo y la separación de la divinidad.

Cuando el ser humano no cree en nada, en alguna forma de energía o se apoya en cualquier credo, es presa fácil de la depresión y las enfermedades modernas.

No vamos a defender las religiones que han ayudado a algunos seres humanos a encontrar su camino, porque la vida actual nos guía hacia un sendero espiritual más allá de las religiones.

Ellas cumplieron un papel limitado en el desarrollo mental, psíquico y espiritual del planeta pero sus mentores cometieron toda suerte de excesos, deformaron el fin para el cual fueron creadas: darle felicidad al hombre.

Sin embargo ser agnóstico o ateo no contribuye en la Sanación de las penas y sufrimientos átmicos que sufre la humanidad. En las discusiones filosóficas es arduo probar la existencia de Dios como concluyó Kant. Tampoco recurriremos a las teorías de Feuerbach en el sentido de que fue el hombre quien creó a Dios.

Por otra parte la palabra Dios ha sido usada de múltiples maneras que se ha cosificado o desgastado. Su significado dista mucho de la magnificencia, infinitud, bondad y poder que lo abarcaba todo.

Lo cierto es que en el nombre de Dios se cometieron toda clase de injusticias, atropellos y crímenes en la historia antigua y reciente de la humanidad.

Cuando usted penetra en los misterios de la meditación en sus diferentes modalidades o en la oración profunda, llega después de un proceso a la percepción de una energía inherente a cada uno.

Una energía diferente que lo arropa con el manto de la paz, la tranquilidad y la alegría desbordante o felicidad "per se".

Esa experiencia única e individual nos permite conocer por experimentación personal que en el fondo de nuestra psiquis somos un mar de energía que algunos llaman la divinidad.

De hecho se habla de santos que alcanzaron a través de las buenas prácticas religiosas, de la oración o de la meditación, estados de arrobamiento, de placer extraordinario a nivel del espíritu, a ese estado se le atribuye estar en la conciencia de la divinidad.

La gran mayoría de los miedos que sentimos ocurren por estar alejados de esa divinidad. O dicho de otra manera cuando contactamos nuestro mar de energía interior exorcizamos cualquier tipo de miedo.

La sociedad moderna que le ha dado mucha importancia al desarrollo tecnológico y a la creación de máquinas y robots que reemplazan el trabajo humano nos ha hecho víctimas del ego. En la medida que el ego crece por los logros materiales del hombre, se aleja más de su propio mar de energía o divinidad.

Al alejarse de su propia identidad el humano sufre, por la absurda competencia de la vida moderna, los parámetros de felicidad que venden la televisión y la Internet.

Estos parámetros exigen una constante lucha por sobrevivir que termina sólo con la muerte del individuo. Mc Luhan ya habló en los sesentas de la angustia existencial o desesperación de vivir.

La separación del hombre de su propio mar de energía, que también se experimenta en la adoración a maestros divinos como Jesús, Buda o Krishna, deja a expensas de los miedos, al humano de hoy.

Una de las formas más eficaces de borrar los miedos por exacerbados que parezcan, es buscar la divinidad interior que reside en cada ser humano, bañarse en esa energía suprema y concederle todo el poder para orientar los aspectos de su vida. Otros encuentran esa energía en la oración profunda y llena de fe.

Cuando percibimos o experimentamos la pura energía interior, nos liberamos de todo tipo de miedos. Ello implica también desaparecer el ego que nos identifica con nuestras posesiones, talento, fama y arrogancia adicional.

Sólo en estados de desesperación, cuando no hay solución a los problemas, el hombre recurre a su propia energía interior, con meditación u oración, para encontrar paz y mitigar sus penas.

Es la divinidad interna la responsable de eliminar todos los monstruos que lo acechan, al reconocer de manera intuitiva que la energía de los universos, reside en usted mismo.

El miedo y los apegos.

El apego es la dependencia que los seres humanos tenemos en relación con las personas, las posesiones materiales, el sexo, y cuando el consumo es moderado, a las drogas o el alcohol. Cualquier estimulante que produzca placer es susceptible de convertirse en apego.

El apego conlleva temor y miedo de perder la causa de ese placer que nos conduce a su dependencia.

La posibilidad de que se esfume el objeto susceptible de apego produce dolor, el humano debe aprender a desprenderse de las personas o posesiones para no enfermar cuando se van de nuestra existencia, porque en este mundo mutante y cambiante todo se puede extinguir.

Entonces podemos disfrutar de todo lo que nos genere placer con la seguridad de eliminar el dolor cuando ya no exista.

De la misma manera se puede amar a un ser querido sin dependencia que transforme en odio y rencor un sentimiento positivo. Muchos temores latentes pertenecen a esta categoría.

Hay parejas que soportan todo tipo de vejámenes por temor a perder la compañía de su amado(a) o por miedo a dividir los bienes materiales.

El poseer es una característica del ego y un disfraz que oculta la verdadera identidad del ser. El ego sitúa al individuo en la órbita del placer-dolor; lo disfruto o sufro su ausencia e inexistencia.

Es la disyuntiva clásica entre ser y tener. Pero si eliminamos los apegos se puede ser y tener al mismo tiempo. No es nocivo tener éxito material, la cuestión es disfrutar sin apegos. Pero la prioridad es el ser.

El miedo a la soledad es producto del apego a la familia, seres queridos, pareja y la posibilidad de perderlos. También es consecuencia de la separación de nuestro ser, nuestra propia divinidad.

El miedo a salir de la zona de confort que aparece en forma permanente en su vida es el típico apego a las circunstancias, personas y cosas que le dan estabilidad aparente pero que le cierran la posibilidad de cambiar y crecer.

Una manera de estar siempre optimista y alegre es aceptar todos los cambios que la vida propone y permitir el flujo de los acontecimientos como un testigo sin oposición.

El poder sobre otros también es motivo de apego, cuando las personas salen de la vida pública o pierden posiciones directivas sufren depresiones, igual ocurre cuando se diluye su fama y el protagonismo en los medios de comunicación.

Hay un apego psicótico a los famosos, algunos fanáticos adoran a un artista o ídolo sin conocerlo y pueden llegar a actuar en forma violenta si no cede a sus pretensiones de acercamiento o interrelación.

El rechazo es un apego que insta a evitar una persona, situación o ambiente que producen dolor. El miedo, latente o activo al dolor estimula esta emoción negativa. El rechazo puede ser inconsciente con su origen en la niñez temprana o en otras vidas.

Cuando el individuo siente el peligro de la situación se desencadena el miedo a las personas o ambientes donde actúa. Esta emoción se esconde a veces bajo la forma de odio o aversión. Ante ciertas circunstancias, el miedo se transforma en odio y éste en acciones agresivas contra las personas o los ambientes que lo desencadenaron. Sólo se requiere el detonante para estallar

LAS FOBIAS

Cuando un miedo se vuelve obsesivo e incontrolable se denomina fobia. La mayoría de las veces se acciona el miedo con sólo pensar en el objeto que lo produce. La situación que induce el peligro bien puede no existir sino en la imaginación de la persona que lo percibe, lo cual significa que los síntomas dolorosos aparecen.

Los psicoanalistas sitúan el origen de las fobias en las relaciones del paciente con sus padres biológicos o de crianza. La persistencia de la fobia puede llegar a producir pánico y ansiedad extrema en la persona.

El miedo puede aparecer por el pensamiento en las asociaciones mentales con el objeto o las circunstancias que disparan la fobia. La sustancia íntima del miedo es la muerte física, la aniquilación, el aislamiento o muerte social.

Estar en el presente aquí-ahora para encontrar la realidad del ser infinito que habita en nuestras células, es una útil herramienta para eliminar las fobias y exorcizar los miedos.

El tiempo presente es un activo formidable, un tesoro que poseemos "Per se", al entrar en él, recibimos toda la paz interior y la energía que nos conecta con el universo. Estar en el presente nos libera en esos momentos de los miedos que rondan nuestra conciencia.

Como señalábamos antes, los miedos son inherentes a la personalidad y reproducidos de muchas maneras. Es muy difícil no estar expuesto a su influencia. Se multiplican por los medios de comunicación, el ambiente psíquico de los lugares, los amigos, el entorno familiar, de trabajo, de estudio.

Se reciben también a través de nuestro campo electromagnético por transmisión de cualquier persona que los experimente de forma consciente o inconsciente. Son señales de baja frecuencia que penetran nuestro campo porque están ahí cerca de nuestra influencia. Una onda de pensamiento abarca más de 14 mil kilómetros de alcance instantáneo.

Cuando los miedos se esfuman al eliminar la resistencia a experimentarlos, se transforman en acción positiva, vitalidad, energía, paz y amor universal, el antídoto más efectivo.

Podríamos inferir que los miedos siempre estarán ahí presentes, pero el secreto está en no dejarse influenciar ni paralizar por ellos, experimentar la paz y el amor que los diluyen y a partir de ellos obtener gran cantidad de energía para actuar en la consecución de formidables resultados.

La ansiedad que es un miedo involucrado con los resultados de un evento futuro en la vida de la persona puede ser el catalizador de un miedo mayor de la categoría del pánico.

Es decir si la ansiedad no se controla, el individuo puede terminar paralizado, presa del pánico y con síntomas graves a nivel corporal, la ansiedad crea más miedo.

La preocupación es un miedo de menor intensidad que puede drenar toda su energía, al ocupar su mente en la lucha con molinos de viento que en realidad no existen, una preocupación breve sirve para dar soluciones a los problemas.

Cuando es obsesiva resulta un esfuerzo enorme, un gasto excesivo e inane de energía que conduce a una neurosis. Como dice un proverbio oriental, si un problema no tiene solución, para que preocuparse, pero si tiene solución, para que preocuparse.

INSTRUCCIONES PARA LIBERAR LOS MIEDOS

Cambio el registro: "siento miedo de": (Por)

Me concentro en las soluciones para contrarrestar este miedo

Me comprometo a realizar tales acciones para eliminar el miedo a...

Elimino mi percepción del miedo a...

Pongo la más firme intención en eliminar el miedo a...

Tengo la fuerza suficiente y permanente para eliminar el miedo a....

Tomo De La Fuente Divina de Todo que es, la fuerza y la intención, para eliminar este miedo a...

Atraigo para mi vida todas aquellas cosas que me ayudan a superar este miedo o fobia.

Estas acciones me permiten vivir en armonía carente de temores.

Elimino la resistencia para eliminar este miedo. **Eloo**

Cambio este miedo por confianza en mí mismo. **Mona' oha.**

El miedo es carencia de amor universal.

Elimino la culpa y el pecado de mis células y con ello el temor de ser castigado.

Elimino los arrepentimientos y remordimientos creados por los errores de mi vida.

Elimino persistir en el mismo error y ordeno corrección en mis células por medio del amor.

Desde mi Ser interior lleno de confianza mi psiquis para protegerme en todos los eventos de mi vida, con el amor.

Me identifico sin miedo o fobia a...

Focalizo toda mi atención en sentirme libre de miedos.

Elimino la causa de los miedos que reside en un actuar equivocado, desde el ego.

Dejo fluir mis sentimientos y emociones para manifestar mi felicidad y paz interiores.

Elimino los apegos a personas o cosas y con ello el miedo a perderlos.

Mi poderosa y firme intención es vivir sin miedos al enviar amor a todos los seres.

Creo mi propia realidad libre de cualquier tipo de miedo. Entreno mi mente para eliminar el daño a los demás.

Tengo fe ciega en mi éxito para eliminar mis miedos al actuar de manera correcta.

Tomo la firme determinación en eliminar este miedo a...

Tengo confianza en Dios El Creador de Todo Lo que es y en mis Ángeles que me protegen en toda situación.

Confío en la Fuente Divina de todo lo que es, que reside en mi interior y en el corazón de la humanidad.

Tengo la fuerza y la energía de Dios dentro de mí.

Tengo la fuerza, la energía y la intención de Jesús el Cristo para eliminar mis miedos y vivir pleno y feliz.

Acepto todos los eventos de mi vida y los convierto en la felicidad inmanente del Ser.

Siempre actúo con base en el ser infinito dentro de mí y evito tomar decisiones que se apoyan en pensamientos impuros, sentimientos negativos y emociones de baja frecuencia.

El amar a todos los seres, borra de manera automática mis miedos.

La confianza de mi corazón, nace de mi armonía con el universo.

Elimino para siempre criticarme a mí mismo.

Evito tomar decisiones equivocadas que me hacen sentir culpable y me producen miedo.

Aquí y ahora estoy confiado, fuerte y firme en amor y paz.

Tengo fe en mi intención, mi fuerza, mi confianza, mi seguridad y el amor que emerge de mi ser para exorcizar todos mis miedos.

Elimino el miedo a... en todas mis acciones.

Con la confianza, la fuerza, la intención y el amor, soy mi propio maestro que supera todos los miedos.

Soy un gran maestro(a) carente de miedos no esenciales.

Elimino todas las estructuras y modelos mentales que me involucran en el miedo y en el odio.

Oro y me conecto con la Divinidad para exorcizar mis miedos.

Con esta meditación, elimino para siempre mis miedos.

El estar en el presente-ahora me ayuda a eliminar mis miedos.

Elijo para siempre una vida exenta de miedos no esenciales.

Elimino todas las frecuencias bajas y las vibraciones de miedo de mi ser. Vibro en constante amor hacia todo y a todos.

Al eliminar mis miedos doy un salto cuántico en mi evolución.

El sentir dentro de mí, el ser infinito, elimina mis miedos.

Me aíslo del inconsciente colectivo de bajas frecuencias y vibraciones de odio y miedo.

Al enviar amor universal a todos los humanos, exorcizo mis miedos.

Si me he equivocado en mi accionar, corrijo mi conducta para siempre, soy un ser amoroso.

Libero los bloqueos eléctricos en mi cuerpo físico.

Elimino todos los bloqueos en mi campo electromagnético-gravitacional, ocasionados por los miedos.

Sano totalmente mi psiquismo, cuerpo y espíritu de miedos.

Rechazó todos los miedos empaquetados en mensajes, lecturas, conferencias, sermones, discursos, clases, historias, memes y los lleno de amor.

Al eliminar los miedos me purifico en perfección y amor.

Limpio mi entorno de emociones, pensamientos y vibraciones negativas y las transformó en paz, felicidad y amor universal.

Con el poder de mi verbo, la fuerza, la confianza y la firme intención, decreto para siempre exorcizar el miedo a...

Siento la gracia divina dentro de mí.

Todos somos uno a través del amor, el quinto elemento. Me siento libre, me siento feliz, me siento confiado. Soy capaz de las más grandes realizaciones.

Con la energía divina que brota de mi corazón, he eliminado todos los miedos que impedían mi realización como ser humano excelso.

Al decidir nunca amar, produje miedo a...

Elimino todas las formas mentales y entidades de miedo que podrían estar en mi campo electromagnético. Actuó siempre en el amor hacia otros.

El miedo nace de mi ego: al suprimir el ego, soy feliz.

Cambio todos mis programas mentales de acciones incorrectas para sentir la libertad en mi ser y borrar mis miedos.

Borro todos los programas y creencias asociados con el miedo no esencial.

Vivo en el aquí-ahora con mi ser infinito.

Con cada respiración, estoy en el ahora libre de pensamientos, emociones o sentimientos del pasado o del futuro.

Elimino oponer resistencia a los hechos que ocurren en mi vida.

Vibro en aceptación y tolerancia para todo lo que suceda en mi vida.

Al reconocer mis debilidades y fragilidad soy más fuerte.

Me fundo con la energía divina para disfrutar la libertad de mi ser interior.

Soy el poder y la gloria de la fuente divina.

Los anteriores cambios son registrados en el elemento agua de mi cuerpo para su transformación y salud.

¿CÓMO BORRAR RECHAZOS, ODIOS, RENCORES, RABIA?

Cambio el registro "odio, rechazo a fulano" *(Por)*

Elimino sentirme ofendido por fulano.
Elimino culpar a fulano.
Elimino rechazar a fulano.
Elimino mi resistencia a aceptar los hechos.
Suprimo juzgar a fulano.
Suprimo criticar a fulano.
Suprimo castigar a fulano.
Suprimo condenar a fulano.
Suprimo sentenciar a fulano.
Elimino para siempre sentirme ofendido por fulano.
Elimino mi resistencia a perdonar a fulano.
Elimino mi resistencia a aceptar los hechos.
Desde el fondo de mi corazón, desde lo profundo de mi alma, desde lo más íntimo de mi ser y por mi propio bien, perdono y acepto a fulano tal como es.
Borro la noción de odio de mis células.
Elimino el odio al odio, es decir, responder con odio a quien me odie o hiera.
Borro el odio en mis ciclos de nacimientos y muertes.
Elimino el apego a sentimientos negativos como el odio.
Elimino la necesidad de tener la razón.

Elimino la necesidad de ganar.

Elimino la necesidad de sentirme superior.

Desde el fondo de mi corazón, desde lo profundo de mi alma, desde lo más íntimo de mi ser y por mi propio bien, perdono y acepto a fulano tal como es.

Desde el fondo de mi corazón, desde lo profundo de mi alma, desde lo más íntimo de mi ser, envío amor universal por fulano.

Acepto que he aprendido lecciones con fulano.

Acepto las lecciones que me dio fulano.

Acepto las lecciones que me da la vida.

La divinidad y yo somos uno.

Fulano y yo somos uno.

Si ataco de pensamiento y hiero a fulano, me hiero a mí mismo.

Elimino la guerra de mis células.

Al enviar amor universal a fulano, elimino el conflicto, el miedo y el odio.

Borro los sentimientos de venganza.

Borro la necesidad de hacer justicia por mi propia mano.

Me rijo por la ley del karma donde cada acción genera una reacción y vigilo para que mis acciones siempre sean buenas.

Elimino todas las estructuras y modelos mentales que me invitan a odiar.

Elevo la frecuencia y la vibración de mi ser para emigrar del odio colectivo.

Vivo mi vida en equilibrio y amor universal por todos los seres.

Tengo paciencia con fulano.

Las acciones de fulano fueron dictadas desde su ego. Veo en fulano, el ser infinito, lleno de amor.

Permito que mis sentimientos fluyan.

Bendigo para siempre a fulano, por las lecciones de vida que me dio.

Expulso de mi campo electromagnético cualquier entidad de odio que se haya adherido.

Al comprender las lecciones de vida que me dio fulano elimino para siempre el odio, el rechazo, el rencor o la rabia hacia él.

Elimino el odio en todas las dimensiones que alcance mi alma.

Al sanar este sentimiento negativo, allanó el camino para mi despertar y mi propia iluminación.

Recibo todos los modelos energéticos que sanan mi alma de odio, rechazos, rencores, rabia.

Mi vida está ahora llena de amor y compasión.

Mi relación con la naturaleza, los animales, los seres de otras dimensiones y todo el género humano está llena de amor, solidaridad y paz.

Elimino el odio de mis vidas anteriores.

Elimino el odio de mis ancestros.

Elimino el odio de mis padres.

Emigro del campo mórfico del odio y de la enfermedad.

Cambio la frecuencia del odio de mis células por amor universal a todo lo que es.

Me siento tranquilo.

Me siento calmado.

Me siento en paz.

Estoy en paz con todo y con todos.

Acepto que las experiencias vividas con fulano, contribuyen a la purificación y perfección de mi ser.

Estoy en paz con el universo.

Estoy en paz con fulano.

Doy gracias a Dios por esta liberación.

*Doy gracias a **Jesús el Cristo (Buda, Krishna, Yavé, Alá)** por esta liberación.*

Siento compasión infinita por fulano.

Siento amor incondicional por fulano.

Fulano es un ser de luz como yo.

Me comunico con fulano desde mi ser divino hasta su ser Divino.

Agradezco a los seres de luz por esta Sanación.

Agradezco a Dios el creador de todo lo que es por esta liberación y limpieza de mis células.

Me siento libre, me siento puro.

*Purifico mis cuerpos, purifico mi espíritu, purifico todos los aspectos de mi **merkaba** o cuerpo de luz.*

*Todos estos cambios los registro en la memoria de las células de mis cuerpos para siempre, **Ananasha**.*
Soy el poder y la gloria desde mi ser.

Todos estos cambios los registro en el elemento agua de mi cuerpo para su transformación y salud.

¿CÓMO SUPRIMIR LA CONMOCIÓN, LA ANSIEDAD Y EL PÁNICO?

Cambio el registro: siento pánico por lo que está ocurriendo o acaba de ocurrir. Lo cambio por:

Limpio estas emociones dolorosas y negativas de mi vida y las lleno de amor universal desde el centro de mi corazón.

Cambio la conmoción y el pánico por placer espiritual generado desde mi ser divino.

El pánico y la ansiedad son producto de la mente dual.

Al eliminar pensamientos, emociones y sentimientos negativos, impera mi ser infinito.

Mi ser está presente en los momentos difíciles de la dualidad para hacerla a un lado y disfrutar la belleza y el amor desde mi interior.

Respiro profundo para eliminar la obsesión y el pánico de la situación.

El placer y el dolor cambian, lo único inmutable es la presencia íntima y refulgente del ser.

Cambio el pánico y la depresión por alegría, felicidad y amor universal desde el fondo de mi ser.

Trasmuto la tristeza y el dolor por la alegría desbordante del ser interior.

Siento la pureza de mi divinidad que me da seguridad, confianza y fortaleza.

Cambio el miedo, el pánico y la ansiedad por paz infinita y calma desde mi ser.

Cambio abandono por cobijo, solidaridad, cariño y mucho amor prodigado desde mi ser infinito.

Elimino para siempre la conmoción y el pánico para que brille eterno el esplendor de mi ser.

Elimino la conmoción y la ansiedad para que aparezcan la pureza, la fuerza y la confianza eterna del ser.

Elimino el miedo y la ansiedad por los resultados de esta situación.

Elimino la conmoción y el dolor emocional y los lleno con el océano de amor universal.

En mi psiquis sólo existe la inefable felicidad, la dicha eterna del ser.

Siempre estoy custodiado por mis ángeles, los seres de luz, Jesús el Cristo, los maestros avatares y mi ser omnipotente.

Acepto que aprendo lecciones a través de la conmoción, el pánico y la ansiedad.

Respiro profundo para estar en la presencia del ser infinito.

Elimino para siempre de mi vida, todas las formas de dolor.

Suprimo el miedo al dolor y lo cambio por la conciencia de mi ser divino y puro.

Acepto todos los eventos de mi vida y los transformo en la felicidad inmanente del ser.

Mis lecciones presentes están exentas de dolor. Sólo recibo luz, amor, felicidad, divinidad y energía mágica del ser.

Suprimo el miedo a la soledad y a la impotencia y los cambio por amor penetrante del ser, seguridad y confianza.

Borro para siempre la conmoción, el pánico y la ansiedad y los cambio por la presencia divina del ser.

Decreto para siempre borrar de mis células la conmoción, el pánico y la ansiedad por la situación vivida.

Lleno todas las células de mi cuerpo con la esplendorosa y exultante presencia del ser.

Pido a mi ser infinito y a la Fuente Divina de todo lo que es borrar de mis células las impresiones de conmoción y dolor.

Vibro en la frecuencia de cero conmoción o ansiedad.

Suprimo la resistencia para borrar de mis células la conmoción y el pánico de esta situación.

Cambio identificarme con la ansiedad por la paz, la alegría y la felicidad auténtica del ser.

Elimino apegarme a emociones negativas como el pánico, la ansiedad y la conmoción.

Concentro mi atención en eliminar conmoción, pánico, ansiedad y los cambio por la paz y la serenidad del presente que emerge desde el centro de mi corazón.

Borro los rencores, iras y odios propiciados por mi ansiedad y conmoción.

Mis emociones, pensamientos y sentimientos fluyen como un río que conduce al mar finito de amor universal que se halla en el presente-ahora.

Elimino las culpas que me pudieran generar la conmoción y la ansiedad y las cambio por abundancia, riqueza espiritual y realización plena del ser.

Tengo la firme intención en borrar la conmoción, el pánico y la ansiedad. Aceptar las lecciones aprendidas es parte de mi crecimiento y evolución espiritual.

Mi meta es salir de la dualidad placer-dolor para vivir siempre en la energía mágica del ser.

La eliminación de la conmoción y la ansiedad me da la tranquilidad para enfrentar el curso de la vida.

Transmuto pánico y conmoción por paz y felicidad desde el ser infinito.

Descarto sentirme víctima por el pánico, la conmoción y la ansiedad vividos. Soy libre y como tal disfruto la existencia a plenitud.

Me libero de todos los prejuicios ocasionados por el pánico y la conmoción. Amo a todos los seres sin excepción.

Soy mi propio maestro que superó todos sus pánicos. Soy un ser infinito lleno de bondad y benevolencia.

Pido a la Fuente Divina de todo lo que es, liberarme de todas las secuelas de ansiedad y dolor.

Elijo para siempre que las células de mis cuerpos estén libres de dolor.

Vivo y respiro siempre el amor universal e infinito.

Perdono y acepto a todas las personas involucradas en la conmoción, pánico y ansiedad.

Sólo tengo pensamientos de agradecimiento, paz y amor interior por todos los seres.

Purifico todos mis cuerpos de energías negativas y de baja frecuencia. Construyo un entorno de armonía, solidaridad y compasión por los demás.

A través de la respiración vivo siempre en el ahora. Disfruto la maravillosa energía que emana del ser dentro de mí.

Agradezco todo lo que llega a mi vida. Agradezco a la Fuente divina de todo lo que es, la liberación del pánico, la conmoción y la ansiedad de las células de mis cuerpos.

Mi fe absoluta en mis poderes, me liberó totalmente de estas emociones negativas.

Siento la gracia divina en mí, disfruto la energía exultante del ser infinito.

Expulso de mi campo electromagnético todas las energías de baja frecuencia que reciba del exterior y las envío al campo de pensamiento divino para su transformación y evolución.

Por la gracia y el amor de Jesucristo borro la conmoción, el pánico y la ansiedad de todas las células de mi cuerpo.

Todos estos cambios los registro en el elemento agua de mi cuerpo físico para su salud y evolución.

LA DEPRESIÓN

Elimino la carencia de mi psiquis cuando me contactó con mí ser infinito que todo lo contiene.

Borro la tristeza por la falta de alguien en mi vida. Estoy contento y acompañado cuando soy consciente de mi ser infinito.

Cuando siento la completitud de mi ser, puedo hacer feliz a quien me acompañe, al entregarle la pureza de mi amor.

Elimino la falta de interés por todo, cuando me doy cuenta que dentro de mí, palpita la esencia pura de la vida misma.

Elimino el amor con dolor o apego por las personas, las cosas, los animales, el poder, la riqueza o la fama.

Expulso mi ego para vivir en la armonía de mi ser infinito divino y puro.

Al suprimir el ego siento el poder y la infinita sabiduría del ser.

Poseo todo lo que necesito para ser muy feliz, cuando me contacto con la divinidad que reside en el ser infinito.

Todo lo que deseo lo tengo en el eterno presente-ahora, en la expansión de mi ser infinito como divinidad pura.

En este mundo holográfico, poseo dentro de mi ser, en todas y cada una de las células que me componen, un fractal de la energía pura de la fuente divina de todo lo que es.

Soy una muestra holográfica de Dios el Creador.

Siempre estoy conectado a la Fuente Divina de amor y compasión.

El mundo exterior es una ficción, la realidad que todo lo crea es el ser infinito.

Los placeres que ofrece el ego son pasajeros, la dicha inescrutable del ser, es inmutable y eterna.

Nada es más bello que las creaciones del Ser.

Al suprimir las apetencias del ego elimino la depresión y la tristeza.

Elimino para siempre la culpa de mis células. La culpa sólo existe en el ego.

Borro todos los odios para que brille siempre mi amor puro por los demás. El odio es un sentimiento del ego.

Al desaparecer el ego recibo la gran energía del ser que me da felicidad, fortaleza y potencia para vivir en armonía todo el tiempo.

Al sentir mi ser infinito desaparece la fatiga y sano de manera completa mi alma.

Siempre respiro concentrando mi atención en el chacra corazón, en la energía bella que se expande como un sol.

Siento la felicidad del ser en todas y cada una de los trillones de células de mis cuerpos.

La tristeza y la depresión sólo existen en el ego. Elimino estos sentimientos y emociones negativas para sentir la pureza del Ser.

Me concentro en mi maestro de luz, oro profundo a Dios y siento la respuesta en mi chacra corazón como una sensación de felicidad y plenitud.

Medito en Elexier, el amor divino y lo siento en todas las células de mis cuerpos.

Me imagino estar en el ambiente más hermoso de esta tierra. (Un bosque, un jardín, una playa). Siento como me conecto con el ser infinito a través de la naturaleza y la felicidad inherente del ser.
Pausa para imaginar.

Al estar con la naturaleza capto el prana o energía sutil que vive en todos los seres. Lleno mi cuerpo de esa energía para estar pleno y feliz.

Al estar en el amor puro y universal declaró inexistente mi ego.

Recupero la alegría natural que emana del ser. Soy la dicha inefable en esta realidad.

Al estar en el amor puro y universal disipo todas las penas, tristezas y depresiones.

Sano mi mente de pensamientos, emociones, sentimientos de baja frecuencia para vivir siempre en la alta vibración del ser infinito.

Desaparezco todas las creaciones del ego como los sufrimientos y el dolor para vivir siempre en la gloria del ser infinito.

Cuando sano mi mente, desaparece el ego.

El ser infinito es la máxima expresión del amor puro dentro de mí.

Elimino todos los juicios y razones que le dan vida a esta depresión.

Borro mis creencias de que sólo existe el mundo tridimensional y mi cuerpo, para sentir que en el mundo psíquico existen otras dimensiones y que el amor puro vive en mi corazón.

Soy algo más sutil y trascendente que este cuerpo en el que habito.

El pensamiento Divino reemplaza al ego. Concentro mi atención en pensamientos, sentimientos y emociones puras.

Siento la gracia divina dentro de mí. Vivo la paz y la armonía del ser infinito.

Al suprimir el ego salgo del caos reinante en mi mente para entrar en la dicha y la calma del ser omnipresente.

El sufrimiento que me produce la depresión, me ayuda a encontrar la respuesta a través de la eliminación del ego y el despertar hacia la liberación de la dualidad, para vivir en la dicha suprema del ser infinito.

¿CÓMO LIBERAR LA CULPA?

Elimino para siempre de mis células el pecado original.

Borro de mis células la noción de pecado, culpa y error.

El error es una fuente de crecimiento y evolución.

Los errores son lecciones aprendidas.

Elimino persistir en el mismo error.

Elimino el castigo por cometer errores.

Elimino el castigo por las culpas y los pecados.

La vida se rige por la ley de causa y efecto. Todo lo que siembro lo cosecho.

Si siembro odio y rencor cosecho dolor y sufrimiento. Si siembro amor cosecho amor y felicidad en abundancia.

Elimino el pecado y la culpa de mis células.

Elimino las culpas que me atribuyen los demás.

Me perdono a mí mismo.

Recibo perdón de la fuente divina de todo lo que es.

Limpio mis células de culpas, pecados y errores y las lleno de amor.

Lleno mis células de luz prosonodo, la luz más poderosa de todos los planos de existencia, trasmitida por Jesús el Cristo.

Elimino los remordimientos de mi conciencia.

Borro los arrepentimientos de mi conciencia.

Elimino las enfermedades causadas por mis culpas.

Elimino los fracasos causados por mis culpas.

Expulso la entidad de la culpa de mi campo electromagnético.

Rechazo las culpas, los miedos al castigo, los pecados y los errores que transmita cualquier medio de comunicación.

Rechazó los memes de culpas transmitidos por pastores, curas y políticos.
Elimino los sermones o discursos que me encausan como culpable.
Soy libre de culpas, pecados y errores.
Acepto el error y asumo sus lecciones sin sentirme culpable.
Elimino los pecados, culpas y errores de mis ancestros.
Borro para siempre los pecados, culpas y errores de mis vidas anteriores.
Elimino del nivel genético los errores, pecados y culpas de mis padres.
Suprimo el pecado, la culpa y el error como forma psicológica de castigo.
Emigro para siempre del campo mórfico de la culpa.
Suprimo el miedo al castigo que genera enfermedad.
Suprimo el miedo al castigo que genera fracaso.
Me perdono a mí mismo y me acepto tal como soy.
Me amo a mí mismo y me acepto tal como soy.
Estoy libre de las cadenas de la culpa.
Elimino vibrar en la frecuencia de la culpa.
Recibo todos los modelos energéticos que sanan mi alma de culpas, errores
*   y pecados.*
Me siento limpio.
Me siento puro.
Me amo a mismo(a).
Me siento merecedor de todo lo bueno y maravilloso de esta vida.
Elimino todas las estructuras y modelos mentales que me señalan como
*   culpable.*
Estoy liberado de pecados, culpas y errores.
Suprimo culparme a mí mismo.
Suprimo culpar a los demás por los hechos de mi vida.
Elimino criticarme a mí mismo.
Elimino castigarme a mí mismo.
Elimino juzgarme a mí mismo.
Elimino la culpa en todas las dimensiones que alcance mi alma y en
*   todos los estratos de mi alma.*
Me siento limpio y cristalino como el agua pura.
Me siento merecedor de todo lo bueno y maravilloso de esta vida.
Merezco vivir la felicidad del presente-ahora.

Merezco alimentar mis células con el prana del aire, de la tierra, del agua, del fuego, de la luz y del sonido.

Merezco alimentarme con el prana del amor universal.

Merezco disfrutar el placer del sexo.

Cocreo cosas maravillosas para mi vida.

Merezco dar y recibir mucho amor.

Merezco dar y recibir ternura.

Merezco dar y recibir dulzura.

Merezco el amor y el poder de la energía.

Merezco el amor de Dios, el creador de todo lo que es.

Merezco la felicidad que genera el sexo.

Recibo todo el amor de la energía divina.

Recibo todo el amor de Dios y de la gente.

Doy todo el amor a Dios y a la gente.

Merezco todo lo bueno y maravilloso de esta vida.

Merezco la salud de mis cuerpos de mi alma de mi espíritu.

Merezco la abundancia y la riqueza.

Soy uno con Dios el Creador de todo lo que es.

Elimino el castigo de mi vida.

Elimino el dolor de mi vida.

Cocreo una vida sana sin dolor.

Merezco una vida sana exenta de dolor.

Me libero de todas las formas de dolor.

Emigró para siempre del campo mórfico de la culpa. Vivo en la libertad y la felicidad absoluta del ser.

Evito a las personas tóxicas que les endilgan culpa a los demás.

Acepto todos los eventos de mi vida, sin lucha y sin resistencia, desde mi presente absoluto, en comunión con mi Ser.

Soy inocente, puro y limpio.

Tengo el poder del amor y la Energía Divina.

Elimino para siempre la resistencia a borrar la culpa. **Eloo**

Al eliminar para siempre de mis células, pecados, culpas y errores, inició mi despertar.

Elimino todos los bloqueos de los circuitos eléctricos en mi cuerpo físico.

Elimino todos los bloqueos en mi campo electromagnético causados por el dolor, la culpa, el odio y el miedo de esta y otras vidas.

Libero de bloqueos mi campo electromagnético y gravitacional para viajar libre por las dimensiones del Ser infinito.

Soy el poder y la gloria de la fuente divina.

Estoy en el camino correcto hacia mi iluminación.

Todos estos cambios los registró en el elemento agua de mi cuerpo para su transformación y salud.

* La luz prosonodo sólo la puede transmitir un Maestro Sol'A'Vana de Kryon.

¿CÓMO LIBERAR LOS APEGOS?

Cambio el registro me siento apegado a... *(Por):*

Elimino el apego de mis células. Elimino el amor con dolor de mis células.

Suspendo mi mente para estar en el ahora, en la presencia del Ser.

Borro la identificación con mi ego.

*Experimento la unidad con todo lo que es. **El'noras**.*

Elimino mi apego (amor enfermizo) a las personas.

Suprimo mi apego, amor con dolor, a mis seres queridos.

Cocreo amor sin dolor en mis relaciones.

Cocreo amor sin sufrimiento en mis relaciones interpersonales.

Cocreo amor sin penas.

Cocreo amor sin arrepentimientos.

Cocreo amor sin remordimientos.

Cocreo amor libre de culpas.

Cocreo amor sin obsesión.

Cocreo amor con espacio y libertad.

*Me libero de compromisos, promesas, contratos, juramentos, votos de esta y otras vidas para sentir la libertad y el amor universal. **Lay'o'esha**.*

Soy tolerante con los errores de los demás y elimino el odio o el rechazo como respuesta.

Al amar a otros acepto todas sus cualidades y sus limitaciones.

Nada me obliga a convivir con alguien lleno de vicios o defectos irremediables.

Elimino de mi vida las personas tóxicas.

Ayudó a otros a cambiar sus defectos por virtudes.

Tengo claro que la Divinidad vive en mí, cuando apago mi mente y mi ego.

Estoy inexorablemente unido a la Divinidad.

Cocreo amor desinteresado en otras personas.

Elimino manipular a otros para obtener su amor.

Elimino la posesión de mis seres amados.

Mis seres amados son seres de luz.

Elimino el dominio sobre mis seres amados.

El verdadero amor está lleno de confianza, espacio y libertad.

Elimino identificarme con mis posesiones y bienes.

Elimino identificarme con la fama.

Elimino identificarme con mis logros y hazañas.

Elimino la posesión y amor posesivo por mis pertenencias.

Elimino el amor con dolor o apego por mis pertenencias.

Elimino la posesión de mis mascotas.

Borro el apego a mis mascotas.

Elimino el apego a mi trabajo.

La vida se rige por el cambio. Acepto los cambios en mi vida. Me adapto a los cambios.

Elimino el apego a mi madre.

El alma no muere, sólo cambia de hábitat. Me comunico con mis seres queridos en cualquier dimensión donde se encuentren.

Expreso el amor a mis seres queridos en la dimensión donde se hallen.

Elimino el apego, amor con dolor, a mi padre.

Suprimo el apego a mis hermanos.

Elimino mi apego a los sitios, viviendas, ambientes.

Borro mi apego a mis juguetes.

Doy todo lo bueno de mí, a mis seres queridos.

Doy todo lo bueno de mi a mis "enemigos". Envió compasión a quien me hace daño.

Elimino todas las estructuras y modelos mentales que me llevan al apego.

Elimino la desconfianza y los celos en mis relaciones emocionales.

Cuando el amor es puro, las relaciones fluyen.

Si una relación de amor es de aprendizaje y de dolor, es sano separarse cuando no haya más lecciones por aprender con esa persona.

Todas mis separaciones están llenas de amor por el otro.

Limpio todos mis recuerdos de mi expareja de rechazos, odios, rencores, envidias.

Limpio el campo relacional con mi expareja para que reinen la paz, la armonía y el amor universal.

Procuro la felicidad de mi pareja.

Suprimo el dolor cuando mi pareja está distante, por el amor desde lo más íntimo de mí Ser.

Elimino el dolor cuando un ser querido se va de este plano. Todos estamos conectados. Siempre me comunicaré a voluntad con mí ser querido.

Cocreo amor sin agresión.

Elimino ser víctima o victimario de mi pareja.

Doy y pido respeto a mi pareja.

Envío pensamientos de bondad y benevolencia a todos mis seres queridos en todas las dimensiones y en todas las circunstancias.

Elimino los sentimientos egoístas con todos los seres.

Medito todos los días para estar centrado en mi divinidad interior.

Deseo los mejores augurios a mis seres queridos cuando se van de mi vida.

Elimino el abandono de Dios y la separación de la fuente Divina.

Elimino la resistencia a suprimir los apegos.

Suprimo los apegos que me vinculan con mi mente, para evolucionar hacia un ser despierto e iluminado.

Apago mi mente, silencio mi ego.

Concentro mi atención en eliminar mis apegos.

Pongo la firme intención en eliminar mis apegos.

Tengo fe absoluta en eliminar mis apegos.

Elijo suprimir mis apegos.

Al borrar mis apegos, aflora mi Ser divino.

Al eliminar mis apegos, elevo mi vibración y mi frecuencia.

Al borrar mis apegos vibro con Dios el Creador de todo lo que es.

Al eliminar mis apegos me purifico y avanzo con mi alma a nuevas dimensiones de amor universal.

Bendigo mi Ser Divino por suprimir mis apegos en pos de una felicidad real y duradera.

Decreto con mi verbo que he suprimido todos mis apegos.

Siento como la gracia divina inunda mis aspectos del cuerpo de luz.

Soy un ser misericordioso.

Libero todos los bloqueos en mi campo electromagnético, gravitacional, generados por los apegos.

Dios es todo. Todos somos Dios, Energía Divina.

Soy el poder y la gloria de la Fuente Divina.

Todos estos cambios son registrados en el elemento agua de mi cuerpo para su transformación y salud.

DOLOR EMOCIONAL POR VIOLACIÓN

Elimino el dolor emocional que me produjo la violación de mi cuerpo, al tener conciencia del Ser infinito.

Elimino cualquier rezago de dolor que pueda quedar en mi psiquis al enviar energía a todas mis células, desde el ser infinito.

Elimino el dolor y la conmoción de ese evento que existen sólo en la dualidad y en el ego.

Borro sentirme víctima de otros en mi mente-ego.

Borro los sentimientos de venganza que existen en la dualidad.

Elimino la necesidad de hacer justicia por mi propia mano.

Sé que con esta experiencia de mi dualidad placer-dolor estoy equilibrando mi karma en esa vida.

Elimino los temores a estar solo(a) en un ambiente intimidante, siempre voy con mí ser infinito y mi maestro de luz.

Elimino la ansiedad y el miedo a tener intimidad sexual.

Elimino la culpa de mis células para disfrutar del placer del sexo.

Siento placer físico y espiritual en mis relaciones sexuales.

Desde el fondo de mi corazón, desde lo profundo de mi alma, desde lo más íntimo de mi ser, perdono y acepto al agresor que cometió ese abuso.

Acepto que he aprendido grandes lecciones de ese acontecimiento de mi vida.

Acepto las lecciones que me da la vida.

Centro mi energía en mi ser infinito y observo el dolor y el placer de la dualidad, como algo pasajero.

Suspendo mi ego para estar en la celebración de mi ser infinito.

Desde mi ser infinito esa experiencia es una lección de vida.

Elimino juzgar a la(s) persona(s) que perpetró ese hecho.

Elimino criticar a la persona que consumó esa experiencia.

Borro todas las prohibiciones sexuales de mi psiquis para sentir la libertad de mi ser.

Borro la vergüenza emocional que me produjo este hecho.

Elimino culpar a esa persona.

Elimino castigar a esta persona

Elimino el odio, la venganza y el dolor que me ligan con esa persona.

Limpio el campo relacional con fulano, para eliminar todos los sentimientos negativos y los lleno con el amor universal que brota de mi ser infinito.

Borro la culpa de mis células y la cambio por amor universal desde el ser infinito dentro de mí.

Elimino el odio que nos ligó en otras vidas para liberarme y liberarlo para siempre, desde mi ser puro de amor.

Soy libre de karmas con fulano. **lay'o'esh.**

Con la espada de excálibur decreto libertad absoluta del espíritu de fulano para que encuentre su camino de amor universal.

Con la espada de excálibur corto todo vínculo kármico con fulano para disfrutar mi libertad plena.

Elimino la connotación pecaminosa del sexo, para sentirlo como una experiencia plena de amor y felicidad.

Pongo punto final a las agresiones y apegos con fulano.

Decreto para siempre haber liberado el odio que me ató en otras vidas y en ésta, con fulano.

Recibo todos los modelos energéticos que sanan mi alma de ataques físicos y violación.

Me siento tranquila me siento en paz, estoy en paz con fulano y recibo con amor las acciones pasadas.

Paz en mi alma. Paz en todas las células de mi cuerpo.

Me libero del dolor emocional y el trauma que esos hechos produjeron en mis células.

Limpio todas las emociones negativas de esta experiencia y las lleno de amor universal.

Cambio el dolor y el trauma que quedó en mi dualidad y lo transmuto en paz desde mi ser divino.

El placer y el dolor son ilusorios, lo único perenne es el amor infinito que reside en mi interior, en mi verdadero yo.

Decreto eliminar para siempre las lecciones dolorosas de mi vida.

Todo lo que ha ocurrido en mi vida contribuye a la purificación y a la perfección de mi ser.

¿CÓMO SUPRIMIR EL DOLOR EMOCIONAL?

Cambio el registro "Siento dolor y trauma por los hechos que ocurrieron en mi pasado" *(Por):*

Limpio todas las emociones negativas y dolorosas de mi vida y las lleno de amor universal.

Cambio dolor y trauma emocional por placer espiritual.

El dolor es una ilusión del mundo dual como el placer.

Siento la energía mágica de mi ser.

Siento la alegría desbordante de mi ser.

Mi ser ha estado y está presente siempre en los momentos difíciles de mi vida.

El placer y el dolor cambian, lo único inmutable es la pureza de mi ser.

Cambio el llanto la tristeza y la depresión por alegría, felicidad y mucho amor incondicional.

Trasmuto la depresión en alegría desbordante y dicha suprema del ser.

Siento la pureza de mi divinidad que me da confianza y fortaleza.

Cambio la ira y la agresión, por paz y calma desde mi ser.

Cambio abandono por cobijo, cariño y mucho amor desde mi ser.

Elimino para siempre el dolor y el trauma, para que brille en todo su esplendor la divinidad de mi ser.

Elimino el trauma para que aparezcan la pureza, la fuerza y la confianza eterna del ser.

Elimino el dolor y el choque emocional y lo lleno con el océano de amor universal.

En mi psiquis sólo existe la inefable felicidad del ser.

Siempre he sido custodiado por mis ángeles, los seres de luz, Jesús El Cristo y mi ser omnipresente.

Acepto que aprendí lecciones a través del dolor y el trauma.

Elimino de mi vida y para siempre, todas las formas de dolor.

Suprimo el miedo al dolor y lo cambio por la consciencia en mi ser divino y puro.

Acepto todos los eventos que ocurren en mi vida y los convierto en la felicidad inmanente del ser.

Mis lecciones presentes están exentas de dolor. Sólo recibo luz, amor universal, divinidad y energía mágica del ser.

Borro el miedo a la soledad y a la impotencia y los cambios por seguridad, confianza, amor penetrante y eterno del ser.

Decreto para siempre borrar el dolor emocional y lo trasmuto en la presencia divina del ser.

Borro la memoria del dolor y lleno las células de mi cuerpo con la presencia del ser.

Pido al universo borrar para siempre este dolor o trauma de mis células y de mis cuerpos.

Vibro en la frecuencia de cero dolores emocionales y sanación perfecta de mis cuerpos sutiles.

Elimino la resistencia a borrar para siempre el dolor emocional, el choque y el trauma que esa situación me causó.

Cambio para siempre identificarme con el dolor y el trauma de la situación vivida, por la paz y la alegría del ser.

Proyecto en los demás la imagen de una persona libre de traumas y dolor emocional.

Elimino mi apego a emociones negativas como el dolor y el trauma.

Concentro mi atención en eliminar para siempre mis dolores emocionales y mis traumas y los cambios por la alegría y felicidad de vivir el presente.

Borro los rencores asociados con mi dolor emocional.

Mis emociones, pensamientos y sentimientos fluyen como un río que conduce al mar infinito de amor universal que se halla en el presente absoluto.

Borro las culpas que me pudieran generar el trauma o dolor emocional y las cambio por abundancia, riqueza espiritual y realización plena del ser.

Mi intención ahora es eliminar el dolor emocional y aceptar las lecciones aprendidas como parte de mi proceso de crecimiento y evolución.

Mi meta es suprimir la dualidad del placer y el dolor, para vivir siempre en la pureza del ser.

La eliminación del dolor emocional, me conduce al éxito en todas mis relaciones interpersonales.

Trasmuto la energía de dolor y choque emocional por paz y placer espiritual desde el Ser Infinito.

Descarto sentirme víctima por el dolor vivido. Soy una persona afortunada que disfruta la vida a plenitud.

Me libero de todos los prejuicios ocasionados por el trauma emocional. Amo a todos los seres.

Soy mi propio maestro que superó todos sus traumas. Soy un ser infinito lleno de compasión y benevolencia.

Pido a la Fuente Divina de todo lo que Es, liberarme de todas las secuelas de trauma y dolor.

Elijo para siempre que mis células estén libres de dolor y trauma.

Vivo y respiro siempre en el amor infinito.

Perdono y acepto a todas las personas involucradas en la gestación del dolor emocional.

Sólo tengo pensamientos positivos de confianza, seguridad y paz interior.

Purifico mi cuerpo, mente, espíritu, cuerpo emocional de energías negativas y de baja frecuencia. Construyo un entorno de paz, armonía y amor universal.

Vivo siempre en el eterno presente. Disfruto la energía que emana del ser infinito dentro de mí.

Agradezco todo lo que llega a mi vida. Agradezco la liberación del trauma y dolor emocionales.

Mi fe absoluta en mi energía divina, me sanó totalmente del dolor emocional.

Siento la gracia divina en mí. Disfruto la energía exultante del ser.

Expulso de mi campo electromagnético todas las energías negativas que reciba del exterior y las envío al campo de pensamiento divino para su evolución y transformación.

Por la gracia de Jesucristo, borro el trauma y el dolor de mis células.

Todos estamos conectados al Ser infinito, todos somos el Ser infinito de amor y compasión.

SEGUNDA PARTE

BIOFOTONES

El cuerpo humano emite fotones a una visibilidad 1.000 veces menor que la que puede registrar el ojo. Estos biofotones ayudan a la comunicación con el entorno del humano. El biofotón es un quantum de luz. Pueden ser liberados con la sola intención mental para afectar el ADN en la comunicación celular.

De acuerdo con GreenMed information, tanto el ojo físico como el ojo "mental" emiten ultra débiles fotones que afectan las células de la naturaleza y del ambiente que rodea al humano emisor.

Estos rayos pueden medirse con aparatos ultrasensibles a la luz y estas emisiones se correlacionan con el metabolismo de la energía cerebral y el estrés oxidativo del cerebro de los mamíferos.

En la misma publicación se dice que en un ambiente oscuro, la mente humana que imagina luz, con la intención mental, produce emisiones cerebrales hacia afuera aunque la producción de biofotones es mayor dentro del cerebro que fuera de él, durante las percepciones visuales y la imaginación.

De esta manera se explica la comunicación entre organismos vivos. La luz excita el sistema nervioso con la información transmitida.

Lynne Mctaggart afirma en The Intention Experiment que de acuerdo con experimentos llevados al laboratorio por Rosebbaum y Sayantani Gosh todas las partículas se comunican entre sí en el mundo subatómico mediante una comunicación Non-local que les permite conectarse sin importar la distancia o las condiciones ambientales de cada partícula. Es la comprobación en el laboratorio de que mediante luz emitida, todos podemos estar conectados.

Lo anterior nos enseña que las partículas se enredan entre sí a través de la comunicación incesante. Y esto explicaría como se modifica el ADN mediante órdenes impartidas a las células humanas que reciben o reproducen una información transmitida a una frecuencia muy baja, indetectable para los aparatos de hoy: los biofotones.

Nosotros influenciamos todo lo que nos rodea: nuestros socios, nuestros hijos, la multitud en el centro comercial, las plantas, los animales.

Si los pensamientos de un sanador se emiten como frecuencias, la intención de sanar es una luz ordenada con pocas interferencias dice McTaggart. La intención transforma el enredo desordenado de la comunicación subatómica, en una transmisión ordenada y potente, como un láser.

Konstantin Korotob hizo varios experimentos para demostrar que todos los seres vivientes son susceptibles de enviar y recibir señales de luz, lo que demuestra la manera como las plantas, los animales y los microorganismos se comunican.

Si la intención está acompañada de amor, compasión o empatía por el receptor es más efectiva la transmisión de datos de una mente a otra o de una mente a un cuerpo.

En la intención de sanar es importante la actitud del receptor. Si éste tiene seguridad y convicción en la efectividad del proceso, la sanación será exitosa. Sanar a otros ayuda a sanar al mismo emisor.

La empatía.

En los experimentos realizados para medir la efectividad de la sanación se ha encontrado que es vital establecer una comunicación empática entre el sanador y el sujeto receptor de la sanación. En las transmisiones a distancia se puede obtener empatía mediante ejercicios de **ho'opono'pono** con una foto del receptor.

Si no hay un lazo de unión emocional o empático entre los dos, la sanación es menos efectiva, salvo que exista la intención más potente por parte del emisor-sanador. En general cuando alguien autoriza a otro para sanarse, una corriente de agradecimiento fluye del receptor hacia el sanador.

En otras ocasiones puede existir un sentimiento de amor universal por quién va a realizar la sanación. Pero el poder de la intención del sanador prevalece sobre otros factores.

Cuando se ofrece oración es necesaria la empatía, en otros métodos de sanación ésta es efectiva sin la autorización del receptor, de acuerdo con experimentos realizados.

El espacio cuántico.

En experimentos realizados por William Tyler y narrados por McTaggart se demostró que la mente humana puede acelerar el proceso de crecimiento de moscas de laboratorio, mediante la intención humana trasmitida por meditadores.

Pero lo interesante es que en el espacio donde se realizaron los experimentos, se formó un campo cuántico que aceleraba el crecimiento de las larvas de mosca aún sin la intervención de los meditadores.

Una prueba de que la mente del experimentador modifica a su voluntad el resultado del experimento y que cambia las condiciones del campo electromagnético donde se realizan los chequeos. En otros términos la mente humana modifica el espacio a su alrededor.

Lo anterior explicaría porque en algunos sitios de oración como iglesias, mezquitas y templos, la energía produce paz y calma, aún cuando estén vacías. En síntesis la mente humana modifica el ambiente donde se encuentra la persona en mayor medida si tiene una mente entrenada o posee poderes psíquicos. Y más interesante aún, los cambios permanecen en el espacio.

La imaginación.

La intención es más efectiva en la medida que involucra más sentidos en el momento de dar las órdenes al universo. Una persona que desea el éxito en un negocio se imagina cuando firma el contrato, cuando recibe el dinero en su banco, las cosas que puede hacer o comprar con ese dinero, la concreción de nuevos negocios, la alegría que comparte con sus seres queridos.

Si la película es bien vivida en su imaginación, las energías que mueve del universo son más poderosas. Imaginar la situación con detalles del sitio donde concreta el negocio, la reacción favorable de las personas involucradas y la celebración, llenan el espacio con órdenes al universo para cristalizar esa realidad. La imaginación es un componente que le agrega fuerza y poder a la intención.

La emisión de biofotones aumenta cuando la mente se llena de episodios que se experimentan con la intensidad de una película y con la inmersión total de los sentidos. El conocimiento del espacio o lugar donde se llevará a cabo la acción contribuirá a darle más realismo a la intención.

Recordar hechos amargos causa estragos en el organismo porque el cuerpo sigue la línea de influencia de la mente. Todo lo que ocurre en nuestra mente tiene una respuesta química, neural y electromagnética en el cuerpo.

De la misma forma evocar momentos espléndidos de placer de los sentidos en vivencias muy agradables tiene una respuesta positiva al segregar dopamina, oxitocina, efedrina y otras hormonas que producen gozo en el cuerpo.

En la misma obra citada McTaggart demuestra que cuando la intención está llena de pensamientos positivos funciona mejor en presencia del sujeto a sanar, pero cuando la intención es negativa como exterminar los microorganismos que forman un tumor o matar células cancerígenas es más efectivo a distancia.

Tal como las maldiciones, los ataques psíquicos o las brujerías, tiene efecto a la distancia de sus víctimas.

Romper la barrera del tiempo.

En experimentos de física cuántica se ha comprobado que manipular o cambiar un resultado en el futuro, puede modificar la causa que originó ese resultado.

De hecho en sanación podemos modificar un odio doloroso a la madre, al ir al pasado y alterar las condiciones que produjeron ese sentimiento negativo, desde el hoy que es el futuro de ese evento, para eliminar comportamientos agresivos del individuo.

Volvemos al pasado y justificamos la acción de la madre por los hechos que ocurrieron después en la vida de ese individuo que generaron lecciones necesarias para la adaptación y el aprendizaje en su camino vital.

Hay una transgresión del tiempo porque desde el futuro modificamos el pasado para cambiar el presente de un individuo. El resultado es la eliminación de los sentimientos y las emociones sobre los que se basó el temperamento neurótico y depresivo del individuo.

Esta práctica requiere una poderosa intención por parte del sanador para actuar en la limpieza de las emociones pasadas que aún permanecen en la psiquis del individuo y la aquiescencia de este para obtener una respuesta positiva hoy.

El efecto final es la sanación o el borrar los sentimientos y emociones negativas que lo agobiaban. Afectamos y transformamos el pasado porque la conciencia es independiente del espacio y tiempo.

La mente humana a través de sus pensamientos, sentimientos, emociones y creencias afecta todo lo que está a nuestro alrededor. Somos igual tocados por los pensamientos y conciencia de otras personas, de los objetos y cosas que conservan memoria de emociones de individuos, de las plantas y los animales que conviven con nosotros, de los astros.

Estamos unidos de manera inexorable a todo y con nuestra intención consciente o no, influimos sobre todas las cosas y demás humanos.

Poseemos una fuerza invisible para los sentidos externos y por ello dudamos de su existencia. Pero esta fuerza es una potencia que actúa independiente de los deseos conscientes de una persona. Si alguien está obsesionado con el miedo a morir en un accidente, enfoca su intención en volver realidad esos pensamientos.

Es muy probable que algún día ocurra el accidente. La mente es una bomba que se puede usar a favor o en contra de cada uno, de acuerdo con los pensamientos positivos o negativos que albergue.

De allí la importancia de borrar todas las emociones y sentimientos o creencias nocivos de nuestra mente, porque son el germen de forma-pensamiento involuntarios que nos pueden perjudicar.

Una adecuada sugestión y motivación nos lanzan a realizar hazañas increíbles al confiar en el poder infinito de nuestra conciencia conectada con una mente brillante, entrenada además para desechar el pesimismo, la depresión y todas las emociones negativas.

Siempre y en cualquier momento disponemos de la capacidad de decidir qué pensamientos emitimos. Si continuamos las elucubraciones pesimistas o películas negativas de nuestra mente que desenlazan en resultados trágicos o dolorosos o por el contrario, elegimos pensamientos positivos que crean historias de triunfo y felicidad.

Nosotros tenemos el timón y el control de canales. Sintonizamos drama y dolor o felicidad, éxito y salud.

La opción siempre es nuestra: ante cualquier hecho de la vida, decidimos entregarnos al drama o nos refugiamos en nuestro ser infinito interno que siempre emana felicidad, independiente de lo que ocurra en el mundo exterior.

Al usar las instrucciones diseñadas para sanar la mente en este libro, es obvio que echamos mano de la más fuerte intención para ser efectivos en nuestro objetivo.

La intención es el eje sobre el cual nos movemos para ser asertivos, eficientes y efectivos en el proceso de limpiar la conciencia de todas las malezas que han surgido en el devenir de nuestra propia existencia.

LAS FORMAS PENSAMIENTO

Dominar la mente mediante las diferentes formas de meditación que nos enseñan las culturas orientales, es sencillo en forma aparente, pero controlar la mente en nuestra actividad es un dilema no resuelto en su totalidad. Algunas técnicas del **Zen** enseñan a meditar en la actividad.

Pero cuando nuestra psiquis está llena de cicatrices por las heridas recibidas o producidas, entramos fácil en un gancho psíquico u obsesión envolvente que nos domina y obliga al pensamiento a estar atado por un buen tiempo. Estos pensamientos nos llenan de sufrimiento y de dolor. Imaginamos escenas en el futuro plagadas de horror, aflicción y angustia.

Es la angustia existencial de la que habló Herbert Marcuse en los años 60 que ha creado este capitalismo salvaje. La mente se puede controlar mejor cuando la hemos limpiado de esos sentimientos, emociones o creencias nugatorias y dañinas.

Las formas-pensamiento que emitimos se nutren de lo que nos transmiten los cinco sentidos y del tamiz que vive en capas de nuestro inconsciente.

Por eso es fácil revivir un odio al observar una película en la que violan a alguien o roban a unas personas o atropellan y asesinan a familiares de los protagonistas; porque resuena con los sentimientos y emociones que tenemos guardados en nuestro inconsciente, de esta o de otras vidas o trasmitida por la genética de nuestro padres o de nuestros ancestros.

Entonces para controlar mi mente debo primero realizar una asepsia o limpieza de toda la basura psicológica que albergo en mí.

Las formas de pensamiento son poderosas antimaterias que se vuelven realidad al repetirlas en forma constante. Pelee o discuta de manera violenta e hiriente con alguien y pensarás en esa persona 24 horas al día.

¿Por qué?, porque resuena con sentimientos viejos que guardas en las capas de formas-pensamiento negativas en tu inconsciente y la acción se convirtió en un gancho psicológico u obsesión permanente.

Te sientes herido, lastimado, humillado. Es lo que guardas en tu interior así la otra persona no tuviese la intención de herirte de esa manera. Las formas-pensamiento se vuelven realidad por eso debemos producir siempre pensamientos positivos, optimistas de salud, abundancia, felicidad en una psiquis limpia de impurezas.

Así que el poder del pensamiento no discrimina si algo es bueno o no. Piensa en algo todo el tiempo y lo vuelves realidad. ¿Entiendes muchos de los acontecimientos de tu vida? y ¿por qué la psiquis se debe limpiar?

Si estoy obsesionado con un suceso bueno o malo, en cualquier momento se vuelve verdad de tres dimensiones como los extraordinarios eventos de nuestra vida o los accidentes físicos.

En este orden de ideas la primera persona que debemos sanar es la madre, hemos estado en su vientre y nos hemos alimentado de todas sus emociones durante la etapa de gestación.

Al sanar a la madre sanamos el 60 o 70 por ciento de nuestro inconsciente. La madre decía **Satya Sai Baba** es una muestra gratis de la energía divina que reside en nuestro interior.

Al tener una relación perniciosa o dañina con la madre estamos rechazando nuestra propia energía divina o nos enfrentamos y renegamos de esa energía divina. En otros términos renegamos de nosotros mismos. El peor sentimiento que un humano puede albergar, odiarse a sí mismo.

LAS LEYES DEL UNIVERSO
PARA REPETIR UNA CADA DÍA

1. *Elimino mi resistencia para que todo ocurra.*
2. *Focalizo mi atención en mi felicidad interior.*
3. *Pido al universo prosperidad, benevolencia y felicidad interior.*
4. *Estoy siempre positivo y optimista.*
5. *Cambio todos mis defectos por virtudes.*
6. *Elimino juzgar y criticar a los demás.*
7. *Me desapego de sentimientos, posesiones o personas.*
8. *Permito que mis sentimientos y mis posesiones fluyan.*
9. *Merezco la abundancia y la atraigo a mi vida.*
10. *Quiero tener éxito en...*
11. *Mi intención ahora es ser absolutamente feliz.*
12. *Pienso, hablo y actúo como un ser próspero y bondadoso.*
13. *Quiero ser abundante, benevolente, viajar y realizar mi Ser.*
14. *Creo en mí mismo, tengo confianza en mis actos y fe ciega en mí.*
15. *Soy muy feliz ahora.*
16. *He aprendido las lecciones. No vuelvo a encarnar para aprender.*
17. *Soy responsable de mí mismo y de mis actos.*
18. *Actúo de acuerdo con mi Ser interior y mi intuición.*
19. *Soy un gran maestro de la vida con felicidad interior, paz y abundancia para compartir.*
20. *Ofrezco una plegaria de amor, paz y exuberancia.*
21. *Callo y escucho la voz del universo.*

22. *Soy vibración de amor, conciencia del Ser, alegría de vivir y presente eterno.*

23. *Estoy iluminado. Vivo en amor incondicional. Materializo milagros.*

24. *Purifico mi cuerpo, mi mente, mi alma. Purifico con mi Ser los ambientes, personas y entornos. Borro las influencias negativas.*

25. *Todo es exuberancia, amor y felicidad.*

26. *Siento gratitud por todo. Agradezco al universo todo lo que fluye en mí.*

27. *Bendigo mi vida. Lleno de luz divina prosonodo todas las personas que conozco. Bendigo todos los lugares y seres con amor y compasión.*

28. *Decreto exuberancia, realización del Ser, compasión y felicidad en todos los actos de mi vida.*

29. *Tengo fe absoluta en mi iluminación.*

30. *Soy mi propio maestro lleno de gracia, misericordia y sabiduría.*

31. *Soy mi propio sanador.*

32. *Todos somos uno. Venimos de la misma fuente divina. Dios es amor, es uno y todos somos Dios.*

ELIMINAR EL EGO O RENDIRSE

Rendirse significa bloquear la influencia negativa del ego, para que surja mi verdadero yo, mi esencia, mi sustancia. Cuando decimos me rindo nos referimos de manera exclusiva al ego.

El ego es esa identidad falsa que habla por mí que tiene unos intereses banales, unos apegos mundanos y que me mantiene en la bipolaridad del blanco-negro, bueno-malo, inteligente-bruto etc. El ego sufre de caprichos que al ser insatisfechos crean dolor. El ego gira en torno al mundo del placer y del dolor terreno.

Cuando trasciendo el ego surge una sensación de paz interior que no se compara con los placeres de los sentidos. Es una paz perenne, inamovible. Es una cesación de toda lucha, la supresión de las batallas que en el mundo existen para lograr las metas.

El cuerpo y la mente son invadidos por una entrega total, una sensación de desparpajo, de despreocupación por los temas cotidianos.

Entonces el ser flota en el espacio y la voluntad no existe, es el real fluir con el río de la vida, es como si una mano invisible bordeara mi vida, sentir la protección desde otra dimensión.

Eliminar todo tipo de responsabilidad en el resultado de la acción. Y aceptar el resultado cualquiera que sea. Es la sensación de libertad total, sin juicios, sin análisis.

Estar en un presente absoluto libre de presiones. Es eliminar la importancia de los hechos que se empequeñecen ante la magnitud y la magnificencia del Ser. El ser se toma a la conciencia y resta importancia a los hechos. Surge una avalancha de amor que invade toda la conciencia.

La conciencia deja de actuar en la premura de conseguir resultados y objetivos, es una total irrelevancia de los hechos vitales por la magnificencia del Ser.

Es rendirse a algo superior que reina en una fase superior de la conciencia propia, significa que las cosas relevantes en realidad no lo son. Es dejar pasar una energía superior que trasciende todas las cosas.

Rendirse ante la magnificencia de un maestro-Dios como Jesús el Cristo o cualquier súper maestro. O rendirse y doblegarse ante la Energía Suprema que todo lo rige.

Es eliminar los nubarrones y la tormenta que amenazan con las peores torturas para dar paso a la Fuente Divina de toda la Creación. Es entrar en la neutralidad total que emana de la Fuente para disolver la dualidad del ego que califica los hechos y la existencia en dos polos: placer y dolor, amor y odio, bueno y malo.

En la rendición y la entrega cesa cualquier dolor por la eliminación del ego para que brille en toda su intensidad el placer del amor universal, la dicha eterna del Ser, la emanación refulgente del Yo Soy.

Entonces el tiempo se detiene para disfrutar el eterno presente como una cuarta dimensión y se funde con el Ser: Ser y presente una misma sustancia. Ser, presente, unidad con todo, conexión absoluta con el universo trascendente. Todo y nada en un solo recipiente; vacío y todo en la misma envoltura corporal.

Dejar entrar, dejar pasar.

En el mismo acto de rendición estamos decretando el permiso para que todas las cosas y los hechos terrenales entren en mi vida y pasen. No importa qué insucesos aparezcan en el horizonte de mi vida, lo sustancial es cómo reacciono ante ellos. Es la diferencia entre el hombre común y aquel que ha despertado.

En la medida que aceptemos y toleremos todas las acciones exteriores que impactan mi existencia le quitamos el peso de dolor y sufrimiento que podrían gestar en mí. Ello no significa renunciar a mis sueños, significa no luchar por conseguir los objetivos en el sentido de resistir todo lo que se oponga.

Es acomodarme a las múltiples oportunidades que surgen en el camino de la adaptación y llegar a mi meta por otra vía diferente a la que había proyectado.

Es acomodarme a las circunstancias y escoger otra ruta que me lleve al mismo resultado o a resultados espectaculares que no había proyectado, porque así es la sabiduría de la aceptación y el dejar que todo fluya.

El universo siempre compensa en un grado superior a aquellos que actúan en pos de convertir sus sueños en realidades.

El devoto que se rinde ante su divinidad o ante la imagen que representa la divinidad, entra en estado de trance donde no existen los problemas sino las soluciones.

La importancia que se daba al tema materia de preocupación desaparece, todo pasa a un segundo plano y lo único que refulge es la presencia del Ser o divinidad interior que todo lo apacigua y todo lo sana.

Después de la oración profunda o la meditación puedo decir: **"me rindo, me rindo, me rindo"** ante (Jesús, Dios, la Energía Divina) y es como si trasladara mis penas y preocupaciones a otra entidad.

La realidad es cambio.

Cuando vivimos nuestro micro mundo familiar, profesional, social, no percibimos la naturaleza del cambio. Por eso cuando nos separamos de nuestra familia, cambiamos de empleo o nos instalamos en otra ciudad u otro país, sentimos miedo al futuro y a los acontecimientos venideros porque en forma aparente no tenemos control sobre nuestra vida.

¿Pero qué tal si aceptamos todo como si hubiese sido nuestra decisión?. En el fondo de la cuestión es el ego quien sufre al no satisfacer sus caprichos. Una vez aprendemos a separar el ego de nuestra real identidad todo fluye de manera dulce y suave porque la realidad es cambio y transformación permanentes.

No oponer resistencia.

La constante de la vida es el cambio. Los humanos estamos acostumbrados a vivir en una zona en la que no haya alteraciones sustanciales en el devenir de la existencia porque entramos en pánico. Pero si nada es estático. Incluso la tierra está en permanente movimiento y cambios ¿por qué nuestro discurrir estaría exento de ellos?

Si algo produce desgaste psíquico, mental y hasta físico, es la oposición o resistencia a los cambios. Es quizá la causa número uno de tristezas y dolor. Nos encaprichamos con una situación, persona u objeto y si ellos desaparecen entramos en la nostalgia dolorosa de la pérdida.

Los grandes maestros aconsejan dejarse llevar por el río de la existencia sin oponer resistencia a los cambios y transformaciones que ocurran en el curso normal de su recorrido. Aprender a eliminar la resistencia a los cambios y transformaciones, es uno de los secretos para mantener la jovialidad y la felicidad de vivir.

La clave de no resistir es dejar que todo fluya y acomodarse a los cambios, sólo el universo en su infinita sabiduría confirma que las modificaciones que ocurren son positivas para nosotros.

De otro modo si los cambios aparentes son dolorosos hay una lección de crecimiento espiritual que subyace detrás de estas experiencias. Si aprendemos a experimentar el ser, aún en las peores circunstancias estaremos tranquilos y felices.

Aceptación y tolerancia.

Además de eliminar la resistencia hay otro mantra que enriquecerá nuestra realidad: aceptación y tolerancia, a todo lo que ocurra en el devenir. Significa acomodar mis metas y objetivos a los acontecimientos con mi permiso. Es inútil luchar contra la corriente de la vida. Por lo menos para mantener una salud mental y una satisfacción permanentes.

Aceptación y tolerancia significa bendecir los cambios porque si éstos no existen, la oruga no puede convertirse en mariposa. La metamorfosis es entendida entonces, como algo consustancial e inherente a la propia existencia.

Aceptación y tolerancia al cambio es también ahorrar energías que se emplean en mantener un "status quo" condenado a desaparecer. Para qué luchar por continuar a nuestro lado con una pareja que genera insatisfacciones, frustración y pena por miedo al dolor de la separación.

La vida exige un cambio, sin odios o rencores sin hacer daño, sin culpas o remordimientos. La aceptación y tolerancia a un cambio es lo más saludable en estos casos, incluso para nuestra pareja.

Eliminar la resistencia con aceptación y tolerancia nos pone a vibrar con la energía universal lejos de nuestro ego manipulador y controlador. Empezamos a vibrar en la frecuencia de nuestro ser infinito en contraste con el ego terco y obstinado que orbita en un microcosmos de dolor e insatisfacción.

Al vibrar con el infinito ampliamos el rango de nuestras probabilidades y sentimos el amor universal que todo lo permea y todo lo penetra.

Una guerra contra todo y contra todos.

¿Ha pensado usted cuanta energía se ahorra al eliminar la resistencia para que todo fluya? ¿Cuántas batallas diarias evita al aceptar y tolerar el cambio? Alguien pide un favor a otra persona y espera recibirlo porque no está preparado para un **NO**.

Como consecuencia empieza a detestar a la persona que no quiso o no pudo hacer el favor. Entonces no era un favor, era una orden perentoria al amigo. Si acepto y tolero la respuesta negativa evito odiar y evito el desgaste físico y psíquico que la situación me puede producir. Y continúo sintiendo afecto por el amigo que no satisfizo mi demanda.

La falta de tolerancia y aceptación se puede aplicar al mundo de las ideas y opiniones en lo religioso, lo político e incluso en la moda donde cada quien piensa, actúa, viste o habla como le place. ¿Cuántas muertes se evitarían si un maniaco que rige los destinos de un país no se empeñara en imponer su punto de vista a punta de fusil?.

Aprender a aceptar y tolerar es un imperativo de nuestra sociedad para disfrutar de una vida sana y agradable. Tolerar los eventos que ocurren en mi vida puede ser el principio de insospechadas satisfacciones y es junto con eliminar la resistencia al cambio, la clave de una vida exenta de ego y por lo tanto con el poder infinito de mi ser o realidad íntima que vibra con el universo.

Soy vulnerable, soy frágil, soy débil, soy vencible.

Esta instrucción va dirigida al ego que se superpone a mi verdadera identidad. Reconocer la finitud del ego, la limitación de sus poderes es un buen principio para rendirse o dejar ir las circunstancias y preocupaciones que agobian a diario.

A medida que reconozco la futilidad del ego, sus escasos valores de los cuales se vanagloria, puedo entrar en el terreno de la divinidad interior.

Se requiere voluntad y modestia para empezar a identificar el ego con sus pírricas batallas que nos mantienen atados al campo mórfico de la vanidad terrena.

Nos enorgullecemos de nuestras posesiones, nuestro dinero, los títulos académicos, los premios ganados en diferentes esferas del conocimiento o el deporte, la fama. Sentimos orgullo de los viajes y países que hemos conocido.

De la belleza de las parejas que hemos tenido y de las riquezas materiales o los títulos académicos que se han ganado. Ante el mundo superficial de hoy mantener un cuerpo magro y una piel joven es sinónimo de estética.

El culto al cuerpo supera con creces al crecimiento del alma en términos de solidaridad, compasión o amor por los desvalidos. Aparecer en los medios de comunicación es un privilegio que todo humano busca como un premio a sus esfuerzos demagógicos por superarse.

Los nuevos descubrimientos científicos, la alta tecnología que deberían estar al servicio de la humanidad para eliminar el hambre o dar iguales oportunidades de educación, se utilizan para mantener más atado al humano como un comprador omnipresente, un esclavo del consumismo.

La fama, la riqueza y el poder son formas efímeras que agrandan el ego para sentirse aún más separado del resto de los humanos, en un rictus de superioridad sobre los demás. Pero nada es eterno, excepto el Ser.

Todo se desmorona como una montaña de nieve con la presencia del sol abrasador. La ausencia de los bienes materiales o la fama causan sufrimiento, nostalgia y dolor. Todas las conquistas del ego son inocuas, pasajeras, es aire que infla y que desarraiga al individuo de su contacto con la realidad.

Al final de la vida cuando hacemos un balance de nuestro paso por el planeta, ¿cuánto pesan los logros económicos y sociales frente al crecimiento interior?

¿qué produce real satisfacción acumular dinero y enfermedades o eliminar para siempre todo tipo de odio de la psiquis?

Desde luego es posible crecer en el plano de la vida con sus riquezas y atractivos y evolucionar en el interior para conseguir una felicidad permanente y constante. Pero algunos humanos gastan todas las energías de su cuerpo para conseguir inmensas fortunas y al final de la vida esas fortunas no le sirven para recuperar la salud y la plenitud perdidas.

Más allá de la Tercera dimensión.

Sentirse vulnerable es reconocer que no somos sólo este cuerpo, sino que el cuerpo es una manifestación de la energía que en realidad somos. Es entender que hay dimensiones y mundos con otras realidades más allá de lo que podemos captar con nuestros cinco sentidos.

Ello no significa suprimir el deseo como una fuerza interna que impele a la acción. Significa que cuando nuestros deseos no son satisfechos, no entramos en depresión o dolor porque intuimos o sabemos que hay una fuerza interior muy poderosa que nos llena de satisfacción por encima de los placeres terrenos, que finalmente son placeres para el cuerpo.

Significa también que entrar en la neutralidad del Ser, es experimentar un placer más allá de lo mundano y que las carencias en el plano material, pueden ser compensadas por ese sentimiento de amor inmanente que brota de nuestro interior.

En los momentos de tristeza es más efectivo hacer una introspección o meditación que nos conecte con lo profundo del Ser que subyace en nuestra conciencia que irse de compras. Y es más económico.

Experimentar la vulnerabilidad del ego no es negar el cuerpo, es reconocer las limitaciones de lo físico y adentrarnos en el poder y la fuerza ilimitados del Ser interior. La verdadera guía espiritual reside en esta verdad: descubrir la fuerza y el poder interior del amor universal, es decir nuestra propia luz, sin reclamar nada a cambio.

Si las iglesias no estuvieran empeñadas en recibir diezmos e impuestos tendrían real credibilidad como mensajeros del amor. Porque el servicio y la compasión se pagan por sí solos. **No hay mayor placer para el alma que servir.**

Algunos jerarcas de las iglesias cumplen a cabalidad como mensajeros auténticos de amor incondicional, pero son una minoría, por eso, hoy la espiritualidad se comparte más allá de las religiones.

Jesús nos instó a descubrir nuestra propia divinidad a través del amor y a compartir ese amor con la humanidad. Todos somos a imagen y semejanza de la Divinidad y poseemos la chispa divina interna.

Comprender la debilidad y vulnerabilidad del ego por encima de los avances tecnológicos o las conquistas económicas, es una herramienta útil para despertar el Ser divino interior y disfrutar de los placeres inefables del espíritu.

La vulnerabilidad es un paso elemental para rendirse ante la fuerza y el poder interno del amor universal. El placer de los sentidos es efímero, los goces del alma son permanentes. El placer mundano hastía, la dicha espiritual permea todas las cosas y te conecta con el todo.

Todo me importa nada.

Al experimentar la divinidad interior desaparecen los nubarrones de mi vida. Es un estado de irresponsabilidad total que me libera de mis problemas. La intensidad o el peso de tales temas es cero. Me desligo de la conexión con mi ego que arrastra esos lastres.

Me desentiendo de las obligaciones o deberes para sentir la libertad del ser individual que se mueve en el espacio carente de tiempo. Floto sin importar los resultados de mi inacción. De manera simple borro la importancia de los hechos y circunstancias por la prioridad y trascendencia del Ser o la inacción.

Es la independencia de las circunstancias, los deberes, los

plazos, los compromisos. Es la verdadera liberación de la angustia existencial, de la necesidad de estar atado a la matriz de producción y consumo. Es la vivencia y el arrobamiento interior que me permiten ser contingente o primigenio.

Todo lo demás hasta el instinto de supervivencia, desaparecen. Entonces **soy energía pura.**

ELIMINACIÓN DE LA MENTE Y EL EGO CON KRYON

Elimino pensamientos, sentimientos y emociones para estar en el ahora.

Contacto con la tierra. **Aris**. Desde mi **chakra Omega** me contacto con **Lady Gaia**.

Aris. Mente en el chacra corazón. Imagino una esfera de luz. Chacra corazón.

Mi intención es suprimir la mente **shi'a'drana**. Mi intención es suprimir el **ego, shi'a'drana**. Mi intención es vivir en el presente. **Shi'a'drana**. Mente en el corazón. Fuerza de vida, prana. Estoy aquí ahora en el presente absoluto.

Prana. Mente en el chacra corazón. Aquí y ahora sentimientos puros, emociones puras.

Atrana. Mente en la esfera del corazón. Aquí y ahora pensamientos puros.

Mohara. Mente en la esfera de amor. Borro los apegos a las cosas, espacios, mascotas y personas. Borro todos mis apegos.

Nion. Elimino oponer resistencia a lo que ocurre en mi vida.

Eloo. Elimino oponer resistencia en mi trabajo.

Eloo. Elimino oponer resistencia en mis relaciones sentimentales.

Eloo. Elimino oponer resistencia a los acontecimientos en mi país y el mundo.

Eloo. Mente en el chacra corazón. Suprimo la mente que genera miedo y dolor.

Lotus. Suprimo los pensamientos anárquicos.

Har'Atora. Suprimo evocar emociones negativas.

El'Gotsha. Suprimo evocar sentimientos negativos.

Donadas. Elimino luchar.

Avatara. Elimino luchar.

Tarados. Elimino defenderme de los demás.

Hará-tora. Mente en la esfera de luz. Elimino identificarme con mis logros. Elimino identificarme con mis pertenencias.

El gotsha. Elimino identificarme con la fama.

Savier. Elimino identificarme con el poder.

Savier. Aceptación y tolerancia.

Hanar. Aceptación y tolerancia.

Ana. Mente en el corazón Derribo la barrera de la resistencia.

Eloo. Soy débil soy frágil soy vencible soy vulnerable.

Savier. Soy débil soy frágil soy vencible soy vulnerable.

Ena. Mente en la esfera de luz. Me rindo, me rindo, me rindo ante la energía de Jesús el Cristo.

Ekta. Me doy por vencido, me rindo humilde ante **Shakti** y la energía de los maestros de luz.

Siron. Acepto perder, me rindo, me rindo ante **Melek Metatrón.**

Noris. Mente en la esfera de amor. Me entrego a la energía divina de Jesús el Cristo, Buda y los maestros avatares.

Jawes. Me entrego a la energía divina de Jesús.

Ekta. Me entrego con todos los aspectos de mi cuerpo de luz a la energía divina.

Ena. Mente en el chacra corazón. Elimino las fronteras de mi ser.

Analotus. Elimino pensamientos, sentimientos y emociones para estar aquí-ahora.

Nektum. Me fundo con la energía divina de todos los universos.

El'noras. Me fundo con la energía de la fuente divina de todo lo que es.

Analotus. Mente en la esfera de luz. Energía del ser dentro de mi.

Sadna. Energía del ser infinito.

Elexier. Estallo en gozo supremo.

Shimaa. Mente en el corazón. Paz y tranquilidad del Ser.

Tarados. Quietud y calma del ser.

Onar. Mente en el corazón. Alegría del Ser.

Tanatara. Felicidad del Ser. Mente en el chacra corazón. Dicha suprema del Ser.

Lay'o'esha. Corazón. Goce infinito del Ser.

Lay'o'esha. Energía orgásmica de amor.

Elexier. Éxtasis del Ser infinito.

Serus. Unidad con todo lo que es.

El'noras. Éxtasis del ser infinito.

Devar. La huella de Dios.

Shimaa. Mente en el chacra de amor. Ser pletórico de amor.

Nubi. Corazón.

Lay'o'esha. Energía divina dentro de mí.

Serus. Mente en el corazón. Soy todo, soy nada.

Ana. Me amo profundamente.

Sol'a'vana. Me amo íntegro.

Nubi. Soy todo, soy nada.

Rada-soam. Corazón. Elimino la barrera de la contención, para que la avalancha del ser me inunde.

Nektum. **Devar**. Magia divina. Catarsis de amor irrefrenable.

Eschata. Me amo en todas las circunstancias. Amo todos los aspectos de mi cuerpo de luz. Amo a todos.

Sol'a'vana. Éxtasis del Ser infinito.

Kodoish, kodoish, kodoish, Adonai tsebayoth. Conciencia en el corazón.

¿CÓMO ESTAR EN EL PRESENTE-AHORA?

Suprimo mi percepción de pasado y futuro.

Concentro mi mente en el eterno presente.

Siento la felicidad que emana de mi ser infinito cuando estoy en el presente.

Todos mis sentidos físicos, mi intuición y mi sabiduría están alineados a mi ser infinito.

Uso todos mis sentidos, mi intuición y mi sabiduría libres de prejuicios.

Transformo todos los miedos de mi pasado en sabiduría y energía para el presente.

Si persisten algunos miedos inconscientes los sano con Gamma Energetics.

Elimino la ansiedad por los resultados de mi futuro.

Elimino la depresión y la tristeza de mi pasado para vivir la alegría del presente infinito.

El tiempo es mental, acostumbro a mi mente a vivir el presente.

Anulo en mi mente el pasado y el futuro para vivir en el ahora.

Transformo todos los miedos y ansiedades de mi futuro en energía para vivir el presente-ahora.

Elimino de mi rutina el control del tiempo.

Elimino la ansiedad producida por el control del tiempo.

Mi trabajo es una meditación en el presente absoluto.

Soy testigo de los pensamientos que rondan por mi mente.

Suprimo pensamientos, sentimientos y emociones para estar en el presente, en la agradable presencia del ser.

Expulso las energías que me sacan de mi presente.

Elimino la prisa y la ansiedad por realizar mis tareas diarias.

Suprimo el afán en mis actividades diarias.

Disfruto estar consciente de mi trabajo diario.

Cuando desarrollo mis tareas suprimo pensamientos, emociones o sentimientos que me distraen.

Elimino las emociones negativas en mi trabajo, provenientes de un jefe reactivo.

Trabajo con alegría a un ritmo agradable y efectivo.

Suprimo las emociones negativas de mi mente provenientes de hechos fuera de mi trabajo.

Suprimo la desesperación por alcanzar resultados o metas.

Concentro mi atención, en una sola actividad a la vez.

En el desarrollo de mi labor suprimo el tiempo como factor preponderante.

Enfoco mi conciencia en el meollo de mi trabajo.

Mi trabajo es una diversión, lleno de emociones positivas y satisfacción.

Suprimo el estrés del tiempo.

Soy consciente de mi actividad ahora.

Elimino divagar en el pasado o el futuro.

Transfiero mis deseos y anhelos a mi mente súper consciente para su cristalización.

Mi mente súper-consciente está conectada siempre a mí ser infinito.

Mi ser infinito está siempre conectado al Gran Espíritu o Fuente Divina de todo lo que Es.

Entrego todos mis proyectos a mi mente súper-consciente.

Pienso desde mi corazón para estar en el presente-ahora.

Procuro sentir mi ser infinito en mi centro-corazón para estar en el ahora.

Vivir desde el corazón es eliminar la percepción del mundo dual para estar en el ahora.

Suprimo mis obsesiones para mantenerme en el ahora.

Elimino todas las estructuras y modelos mentales que me impiden vivir en el ahora.

Al vivir el ahora siento mi conexión con la Fuente Divina de todo lo que Es.

Soy un ser divino que habita un cuerpo humano.

Pasado, presente y futuro ocurren de manera simultánea en el presente absoluto.

Vivir el presente es ser consciente del ser infinito dentro de mí.

El pasado y el futuro son una ilusión de la mente. Aprendo a conducir mi mente por el eterno presente.

Pido al universo que mi mente esté siempre en el presente.

Atraigo para mi vida la maestría del presente.

Elimino toda resistencia para vivir en el presente, ahora.

Proyecto en los demás la sabiduría, el conocimiento y la felicidad que brotan del presente absoluto dentro de mí.

Me desapego de todas aquellas costumbres de evocar el pasado o tensionarme con el futuro.

Mi atención está siempre en el presente-ahora.

Mis pensamientos, sentimientos, emociones y creencias fluyen para que surja en mi mente siempre el presente-ahora.

Con mi respiración estoy siempre en el presente.

Mi principal meta es estar en el presente-ahora en la realización de mi ser infinito.

Mi intención es pensar desde mi centro-corazón para estar siempre en el ahora en la suprema realización del ser.

Mi prosperidad nace desde el presente absoluto en mi mente.

Desde el presente en mi mente manifiesto toda la realidad que deseo.

Mi presente desde mi centro-corazón genera una vida integral y exitosa en este plano.

Vivir el presente me da el equilibrio necesario para satisfacer mi vida y ayudar a los demás.

Asumo la responsabilidad de vivir mi vida desde el presente absoluto.

Me afirmo como un maestro que sabe vivir desde el presente.

Pido al universo que me permita estar siempre en el presente-ahora.

En mis meditaciones siempre estoy en el ahora.

Elijo desde hoy estar siempre con mi mente en el aquí-ahora.

Siempre estoy y siento la presencia divina dentro de mí, en el presente-ahora.

Siempre vibro en la frecuencia de amor universal.

Cuando estoy en el ahora suceden los milagros maravillosos en mi vida.

Soy energía, soy luz y amor.

Cuando estoy presente aflora la pureza de mi alma que limpia todos mis cuerpos de energías densas y de baja frecuencia.

Todo en esta vida es perfecto y se ve perfecto desde mi presente-ahora.

Agradezco todo lo que llega a mi vida. Agradezco estar siempre en el presente.

Bendigo todos los acontecimientos de mi vida y la disfruto desde el presente.

Soy lo que veo en los demás. Me esfuerzo por ver su divinidad interior y el amor universal en todos los seres.

Con mi verbo ordeno estar toda la vida inmerso en el presente-ahora, lejos de pensamientos, sentimientos, emociones y creencias para vivir el ser infinito dentro de mí.

Mi fe en mi ser divino dentro de mí, me permite estar siempre en el presente ahora.

Siento la gracia divina derramada sobre mis aspectos, cuando estoy presente ahora.

Cuando estoy presente, soy parte del todo y me siento unido a la energía de amor universal.

Soy el poder y la gloria de la fuente Divina.

¿CÓMO EQUILIBRAR LA VIDA?

Elimino la necesidad de demostrarle a alguien de lo que soy capaz.

Vibro con el ser infinito dentro de mí.

Al estar conectado al ser infinito soy poderoso.

Mi conexión con el ser me hace artífice de las más grandes realizaciones.

Elimino competir con los demás para evitar sentirme superior o inferior a nadie.

Creo en mí mismo y en el ser infinito dentro de mí.

Mi principal meta es realizar al ser infinito.

Merezco toda la abundancia y la riqueza de esta vida.

Atraigo toda la abundancia y la riqueza.

Mi felicidad está dentro de mí, en la realización de mí ser.

Todas las metas que me propongo en esta vida, las vuelvo realidad.

Elimino todas las culpas que entren en mi psiquis.

Merezco todos los honores y la admiración de otros.

Tengo la capacidad de lucha para conseguir mis logros.

El dinero llega a mi vida con gracia y facilidad.

Me siento bella(o). Soy bella(o).

Elimino todos los programas que me limitan en la expresión de mí ser infinito.

Soy un ser amoroso, compasivo y bondadoso.

Borro de mi psiquis todos los programas de crítica.

Soy el ser más inteligente. Soy un genio.

Soy el más valiente y el más noble.

Tengo confianza absoluta en mis capacidades mentales, físicas y espirituales.

Estoy protegido por mis ángeles y seres de luz.

Soy indiferente a la crítica de los demás.

Elimino juzgar a los demás.

Elimino criticar a los demás.

Elimino culpar a los demás.

Suprimo castigar a los demás.

Suprimo sentenciar a los demás.

Todo a mi vida llega con facilidad.

Disfruto y atraigo los éxitos terrenales sin descuidar mi camino espiritual.

Me siento realizado y pleno.

En circunstancias difíciles, emerge la fuerza de mi ser infinito.

Soy optimista por naturaleza.

Elimino el temor al futuro.

Vivo siempre en el presente y lo disfruto a plenitud.

Soy muy feliz. Siento la dicha suprema del ser dentro de mí.

Hago todas mis tareas con facilidad y disfrute.

Evito compararme con los demás.

Elimino la vigilancia de los demás en mi trabajo.

Estoy muy seguro de la calidad máxima de mis trabajos.

Elimino criticarme a mí mismo.

Recibo con agrado los chistes y las burlas de los demás.

Suprimo todas las creencias que me coartan o impiden mi libertad.

Me integro con facilidad a los grupos sociales.

Suprimo todos los programas que me limitan.

Me siento muy seguro de mis talentos y doy gracias a Dios por poseerlos.

Vivo en comunión con el ser infinito.

Vivo en la gracia divina.

Estoy al servicio de los demás.

Soy consciente de la dualidad placer-dolor y procuro estar en la divinidad del ser.

Elimino demostrarle a otros de lo que soy capaz.

Todas las supuestas limitaciones del humano están en la dualidad.

Todos los poderes del humano están en el disfrute del ser infinito dentro.
Soy capaz, si lo quiero de las más grandes proezas.
Soy un ser ilimitado de fuerza y amor.
Soy la expresión de la estética, el amor universal y el poder divinos.
Soy un ser ilimitado lleno de capacidades y potencialidades.
Soy la expresión de la libertad pura.
Adoro mi libertad como componente de mi felicidad y realización. Vibro en la unidad con todo.

SILENCIAR LA MENTE DESDE EL CORAZÓN

Una forma efectiva de acallar la mente de su ronroneo inane es, ubicar la conciencia en el chacra corazón donde reside el poder de la divinidad. Según HeartMath Institute el campo magnético del corazón es 5.000 veces más fuerte que el campo magnético generado en el cerebro humano.

Entonces si queremos permanecer en el ahora, es más sencillo concentrar esa energía en el chacra corazón o corazón espiritual, donde confluyen todas las energías del Ser.

Una vez he centrado mi conciencia en el corazón espiritual doy la orden a mi mente de permanecer en el ahora, en el presente absoluto guiado por el poderoso campo magnético del corazón.

Si la mente quiere deambular, de manera simple enfoco mi conciencia en el corazón espiritual y doy la orden de permanecer en el ahora.

Toda la actividad se centra en el corazón espiritual, vivo todas las experiencias desde allí y garantizo estar siempre enfocado en el aquí- ahora. Las siguientes oraciones o instrucciones me ayudan a mantenerme en el presente libre de los escarceos absurdos de la mente.

Pensar con el corazón, vivir desde el corazón, observar, ser testigo desde el corazón. Sentir desde el corazón. Percibirlo todo desde el corazón. Asentir el tiempo desde el corazón. Vivir en el presente desde el corazón. Agradecer desde el corazón. Tener la intención de trasladar la actividad mental al corazón.

Razonar desde el corazón. Armonizar la experiencia desde el corazón. Elevar la vibración y la frecuencia de mi ser desde el corazón. Organizar todos los pensamientos desde el corazón. Comprender la unidad desde el corazón. Nada es correcto o falso desde el corazón. Desde mi corazón nada es bueno a malo.

Conecto mi cerebro a mi corazón. Todas mis decisiones están llenas de amor. Todos mis juicios están llenos de amor. Mi corazón regula mi vida. Elevo mi conciencia, mi luz y mi energía desde mi corazón. Decreto para siempre pensar y actuar desde mi corazón.

Puede practicar esto a diario, al repetir cada instrucción durante el tiempo de vigilia para mantener siempre la mente bajo control.

Pienso desde mi chacra corazón.

Vivo integrado desde la fuerza poderosa de mi campo corazón.

Observo los acontecimientos desde el corazón. Mi corazón es un testigo justo y ponderado del devenir.

Percibo la vida desde mi centro corazón en mi pecho.

Siento como todo transcurre desde la ecuanimidad de mi centro corazón.

El tiempo desde mi corazón es el ahora sagrado.

Agradezco todo lo que ocurre en mi vida desde mi corazón espiritual.

Siempre mi mente está conectada a mi centro corazón en todas las circunstancias.

Mis análisis y razonamientos surgen desde el estado del ser en mi chacra corazón.

Todas las experiencias las armonizo con la energía y la frecuencia que emite mi corazón espiritual.

Al conectarme con mi centro corazón, elevó la frecuencia y la vibración de mi conciencia, para estar en el ser infinito.

Todos los pensamientos son controlados desde mi ser, en el corazón espiritual.

Siento la unidad en el amor con todos los seres desde mi centro corazón.

Nada es falso o verdadero desde mi centro corazón.

Nada es bueno o malo.

Nada es bello o feo.

Nadie es inteligente o de inteligencia limitada.

Desde mi corazón espiritual los extremos o los contrarios desaparecen. Todo en forma simple, Es.

Mi cerebro está siempre conectado al cerebro de mi corazón.

El ser infinito que reside en mi centro corazón llena de amor puro todas mis decisiones.

Todos mis juicios están llenos de amor y respeto.

Elimino las calificaciones de las circunstancias, las decisiones, las cosas, el ambiente, los animales o las personas.

El ser que habita mi centro corazón, regula mi vida.

Un sol radiante de luz, amor y felicidad destella desde mi centro corazón.

Soy consciente de mi respiración y enfoco mi atención en el chacra corazón mientras respiro.

El señor puro que invade el átomo y el espacio del cosmos brota de lo profundo de mi corazón espiritual.

Mi mundo interior está pleno de amor, compasión, misericordia y felicidad.

Soy un ser ilimitado lleno de posibilidades cuando dirijo mi destino desde mi centro corazón.

Pido estar centrado siempre en mi corazón espiritual.

Resueno siempre con las energías de las más altas frecuencias y la más alta evolución.

Borro la resistencia al acontecer diario para vibrar siempre en el ser infinito que vive en mi centro corazón.

Toda mi existencia es un reflejo del ser infinito que reside en mi corazón espiritual.

Proyecto amor puro a todo lo que me rodea.

Mi libertad nace del desapego total por todo lo mundano que se afianza en mi centro corazón donde brilla inmanente el ser.

Mi atención se enfoca en vivir siempre en el corazón y desde el corazón espiritual.

Desde mi corazón observo como la línea vital fluye y todo cambia.

Soy próspero y abundante sin desmedro de mi calidad de vida que me proporcionan el despertar y la iluminación. Ellos se nutren con la energía que brota desde mi centro corazón.

Mi deseo claro es mantenerme despierto e iluminado con las vibraciones que emite mi corazón espiritual.

Mi intención suprema es mantenerme en el ser infinito, en las delicias que me depara mi corazón espiritual.

Pienso y actuó desde mi corazón espiritual para convertir este viaje en el paraíso en la tierra.

Desde mi corazón espiritual, manifiesto todos los eventos que acompañan mi camino vital.

Todas mis acciones nacen en el amor y la compasión.

Decido acometer en esta vida todo el aprendizaje que necesito para evolucionar.

Soy responsable de todos mis actos y procuro decidir siempre desde mi centro corazón en la ecuanimidad del ser.

Mi intuición es la fuerza que nace de mi corazón y me guía en las más delicadas decisiones.

Soy un ser ascendido, despierto e iluminado.

Mis meditaciones van dirigidas a fortalecer el asentamiento de mi conciencia en el chacra corazón, la entrada a mi alma.

Todas mis decisiones van encaminadas a integrar el amor y la compasión con todo lo que me rodea.

Elimino el miedo, la envidia, el rechazo, el rencor, la culpa, el apego, para que brille la alta vibración y la frecuencia del amor puro y universal en mi corazón.

El milagro más precioso de esta vida es estar inmerso en el océano de bondad, belleza, amor universal del ser infinito dentro de mí.

Mi equilibro y fortaleza se encuentran en el ser divino y puro que gobierna mis actos.

La energía destellante de mi corazón limpia todo mi entorno.

Respiro en el ahora sagrado desde mi chacra corazón.

Ananasha.

Kodoish, kodoish, kodoish Adonai tsebayot.

Ordeno alinear mis pensamientos, sentimientos, emociones y creencias
a mi centro corazón, el epicentro del amor.
Tengo fe en actuar y coexistir con los más bellos sentimientos y emociones
para influir en el río de la supervivencia.
La gracia, el gozo y la gloria divinos son la savia que nace de mi corazón
espiritual e impregna todas mis acciones.
Desde mi corazón abrazo la unidad en el amor con todo lo que e

EXPERIMENTAR LA DIVINIDAD

Después de doblegar el ego surge la verdadera identidad nuestra, como cuando al descorrer el velo de la ignorancia, aflora un sol destellante. Concentrar la atención en el chacra corazón y sentir a placer el amor por todas las cosas que aparecen raudas desde el centro de nuestro ser, es un sentimiento envolvente, desbordante que escapa como si estuviese reprimido por mucho tiempo.

Es una sensación de libertad total el estar integrado a todas las cosas. Brota del interior una felicidad inenarrable que impregna el universo circundante. Se abren las compuertas del Ser y recibimos la avalancha de amor irrefrenable que todo lo penetra.

Es un amor puro que escapa desde el centro corazón en el chacra del mismo nombre y corre en todas las direcciones. De manera particular sentimos un placer inigualable cuando esta energía fluye al atravesar la espalda y brillar en 360 grados como un sol esplendoroso. Entonces una nueva vibración estalla llena de fuerza y poder. Es la huella de la energía más preciada: **la huella de Dios.**

Todas nuestras preocupaciones parecen banales frente a este portal majestuoso de energía interior. Estamos conectados a todos los seres y a todas las cosas por medio de este amor indescifrable.

Todas las metas terrenales parecen confluir acá, el aspecto más sutil de la poderosa existencia. No hay sensaciones que se puedan comparar con la inmensa felicidad que brota, como un manantial desde el fondo del centro corazón.

Es la alegría, la felicidad, el gozo supremo del Ser. Es el paraíso inmortal que reside dentro de una insospechada brillantez. Es la dimensión del ahora sin espacio, sin tiempo. Es el consuelo perenne a todos los sufrimientos del cuerpo y del alma. Es el bálsamo celestial que alivia todos los dolores nacidos del apego terrenal.

De pronto sentimos la conexión con los universos. De un corazón limitado, finito, estalla esa potencia creadora que vibra en la frecuencia del Ser infinito que nos conecta con todas las formas.

Es la conciencia universal ilimitada que nos comunica con todos los grandes corazones de ésta y otras galaxias, porque el amor puro es el lenguaje universal de los seres evolucionados en todas las dimensiones.

Mantener esas sensaciones epicúreas del espíritu es ahora nuestra voluntad. Permanecer inmersos en ese éxtasis del alma como si nunca volviéramos a experimentarlo es nuestra prioridad.

Vivir inmersos en esa fuerza placentera y orgásmica del Ser. Es el paraíso en la tierra. La alquimia de la vida que reside en el fondo de nuestra existencia, más allá del ego.

La ilimitada potencia del ser (soledad).

El Ser que gobierna mi corazón es ilimitado.
Los poderes de mi ser son infinitos.
Mi ser está conectado a la fuente divina de todo lo que es.
Mi ser Divino gobierna mis células.
Cada célula de los 144 trillones que habitan mi cuerpo recibe órdenes de mi ser.
Soy un ser poderoso, misericordioso y amoroso.
A través del amor universal mis células se conectan con todos los seres que habitan este planeta y los seres de otras dimensiones.
Para nutrirme sólo necesito la luz y el amor que emanan de mi Ser Divino.
Puedo sanar a todas las personas al contactar el amor y el infinito poder de mi Ser Divino.

Todos los elementos que requiere mi cuerpo para ser más joven y vigoroso, brotan de mi Ser Divino contenido en mi chacra corazón.

Desde el centro de mi ser soy la chispa divina que todo lo penetra.

Soy la luz y la verdad inmanentes.

Me comunico con todos los seres desde mi Ser Divino hasta su Ser Divino, latente o activo.

Soy la energía vital o prana que habita en todo.

Viajo a través de las galaxias con la compañía y el aliento de mi Ser Divino.

Mi Ser Divino en su esencia pura, modifica la materia.

En mis sanaciones respeto el karma que los demás deben cumplir.

El objetivo de esta vida es conocer y disfrutar el Ser Divino.

Elimino oponer resistencia a los acontecimientos para que brille mi Ser.

Mi ego se doblega ante todo, para que aparezca la infinita presencia del Ser.

Elimino las ofensas recibidas, el tener la razón, la fama, la identificación con las riquezas y la necesidad de ganar para que aparezca impecable la grandeza del Ser en mí.

El vacío del átomo y el vacío del espacio se llenan con el prana divino, esencia de mi Ser.

*Elimino identificarme de manera única con mi cuerpo, para sentir en todos los aspectos de mi **merkaba**, la fuerza y la energía del Ser.*

Sirvo a todos desde mi Ser Divino.

Mi Ser se expande con el servicio, la misericordia, la tolerancia y el amor a los demás.

Siento la completitud de mi alma y de todos los aspectos de mi cuerpo de luz.

Al estar en el ahora, acojo la energía poderosa de otros planos de existencia.

Estoy pleno de la gracia divina que se irriga en todas las células de mi cuerpo.

La pureza divina invade todos mis cuerpos.

Comparto la bella energía de creación de otros planos de vida.

Vivo para perdonar todas las ofensas y para amar sin medida.

He tomado la decisión de vivir siempre conectado a mi divinidad, en todos los actos de cada día.

En mis actos y en mi voz muestro la armonía interna del Ser.

El despertar en mi Ser, es el más preciado regalo de todas mis vidas.

Al vivir en el Ser siento desapego total por todo lo mundano. Admiro la belleza prístina de este mundo y los placeres que depara, pero me aparto de todas las adicciones.

Al estar en la presencia del Ser en el ahora, en la emancipación divina de mi centro corazón, experimento la paz, la quietud, la confianza y la seguridad ante todos los avatares de la vida.

Vivo, experimento, siento, percibo **Sol'A'Vana**, *la presencia de Dios, la herencia de Dios, la respiración de Dios.*

Pureza del Ser. **Nasha'o**.

Soy el poder y la gloria de la fuente divina.

Todas estas instrucciones son registradas en el elemento agua de mi cuerpo para su transformación y salud.

EL DINERO COMO ENERGÍA

Merezco recibir dinero en abundancia del universo.

Estoy dispuesto a recibir el dinero para cumplir con los propósitos de mi vida.

Elijo recibir dinero en abundancia para conseguir las metas y objetivos de mi vida y servir a otros.

Suprimo el miedo a recibir dinero en abundancia.

Elimino criticar a los ricos.

Suprimo juzgar a los ricos.

Elimino culpar a los ricos.

Suprimo de mis células envidiar a los ricos.

Elimino odiar a los ricos y exitosos con el dinero.

Borro todos los obstáculos para recibir dinero, de manera fácil y sin hacer daño a nadie.

Suprimo todos los juicios negativos en relación con el dinero.

Elimino mi ansiedad y preocupaciones en relación con el dinero.

Recibo todas las vibraciones energéticas que me conectan con el dinero y la abundancia.

Pido al universo, acceder a la riqueza y la abundancia.

Utilizo los medios de comunicación para promover lo que hago o vendo.

Elimino todas las dudas en relación con recibir dinero y riqueza.

Imagino mi vida con abundancia y riqueza. Imagino todas las cosas que puedo obtener y las actividades que puedo realizar con la riqueza.

(Pausa de varios minutos, para dejar volar la imaginación

viendo cosas concretas que deseo y actividades relacionadas con la abundancia y la riqueza).

Imagino de manera específica los objetos y cosas que puedo obtener con esa riqueza. (**Pausa para imaginar el disfrute de esas cosas u objetos**).

Creo firme en mis capacidades y mi fuerza mental para crear dinero para mí.

Elimino todas las estructuras y modelos mentales de esta y otras vidas que me impiden conseguir dinero.

Elimino el miedo a la riqueza.

De todas las posibilidades escojo y elijo aquellas que me generan riqueza para ser más útil.

El dinero llega a mi vida con facilidad, alegría y abundancia.

Trabajo en lo que me gusta y además gano dinero.

Elimino la creencia de que la carencia o pobreza es clave para el desarrollo espiritual.

Usar los medios de comunicación adecuados para ofrecer mis servicios o productos, me facilita ganar dinero.

Suprimo los programas o instrucciones que me invitan a rechazar el dinero.

Siempre cobro por mis servicios o productos porque lo merezco.

Acepto todos los regalos del universo.

Elimino apegarme al dinero y a la riqueza.

Elimino de mis células el programa: "**el dinero es pecado**". Borro la culpa que ello implica.

El ser infinito es poder y abundancia para servir con humildad.

Suprimo todas las estructuras, patrones o modelos mentales de esta o de otras vidas que me impidan recibir del universo.

Con mis pensamientos construyo el camino para ser abundante y rico.

Borro el miedo a la riqueza.

Elimino de mis células los temores al castigo por ser abundante y rico.

Me preparo para administrar el éxito económico y la riqueza.

Tengo fe en mi presente-ahora y lo lleno de abundancia y riqueza.

Allano y preparo el camino para recibir dinero en abundancia sin dañar o perjudicar a otros.

Borro la creencia religiosa que dice que ser pobre es alcanzar el cielo. Alcanzo el cielo cuando siento el ser infinito dentro de mí.

Utilizo la abundancia y la riqueza para servir a otros.

Borro de mis células el programa que dice: "es más fácil que entre un camello por el ojo de una aguja, a que un rico entre en el reino de los cielos".

Elimino todas las pobrezas de mi psiquis en particular la pobreza de espíritu y de corazón.

Merezco la abundancia y la riqueza para servirme y servir a los demás.

Elimino atesorar el dinero por codicia o avaricia.

Borro la tacañería de mis células. El dinero debe rotar porque es una energía.

Comparto con los necesitados y doy flujo libre al dinero que llega a mi vida.

Siempre ahorro un porcentaje de mis ingresos.

Borro de mis células la escasez.

Evito las personas que se quejan de la escasez y la pobreza.

Soy seguro, positivo y optimista en relación con recibir dinero del universo a través de las personas.

El universo me depara abundancia y riqueza con facilidad sin ansiedad o lucha por obtenerlas.

Elimino manipular a otros para obtener dinero.

El dinero proviene de mi trabajo, de las empresas que creo y de la voluntad divina que así lo desea.

Escojo actividades lucrativas con respeto por la moral y la ética. Gano dinero sin provocar daños en los demás.

Elimino la instrucción "bienaventurados los pobres porque de ellos es el reino de los cielos".

El reino de los cielos se ha instalado en mí, en mi chacra corazón.

Elimino el programa "el dinero es pecado" con el cual he sido manipulado en el pasado.

Estoy siempre conectado a la fuente divina y como tal proveo todo lo que necesito para mi evolución.

Invierto los excedentes de mis ingresos en bienes rentables con apego a la ética.

Siempre ahorro para afrontar eventualidades.

Busco actividades que me lucren y generen dinero, con apego a la ética y la moral.

Me preparo en el plano intelectual con una profesión que me permita aumentar mis ingresos.

Salvo que mis ingresos sean abundantes, evito endeudarme para pagar usura o intereses altos, porque estaría trabajando para los prestamistas.

Si tengo ingresos abundantes podría usar el crédito barato para ampliar mi estructura de trabajo.

Mis gastos siempre son menores a mis ingresos.

Evito los gastos generosos e irresponsables que me impiden ahorrar.

Centro mi atención en el ser infinito dentro de mí, que me da toda la felicidad espiritual que merezco.

Prefiero una vida simple y auténtica a la apariencia irreal que genera envidia y odio.

Elimino comprar bienes innecesarios por el hecho de que están en oferta.

Siento una felicidad autentica al ayudar a los demás.

Vivo de acuerdo con mis ingresos en la felicidad de mi ser.

Compro de contado y ahorro los descuentos.

Evito endeudarme sin necesidad para comprar cosas innecesarias.

Soy optimista. Mis ingresos crecen de manera exponencial.

Merezco la abundancia.

La verdadera pobreza es la Pobreza de espíritu y de corazón.

Inicio mis trabajos o empresas con entusiasmo y felicidad.

Me repito todos los días "soy rico, soy abundante".

Evito gastos superfluos por apariencia o snob.

Soy un ser infinito que crea abundancia y riqueza sin alejarme de mi objetivo que es la iluminación.

Evito rechazar los regalos que me da el universo a través de otros.

Me siento cómodo al recibir.

Borro todas las estructuras de culpa de esta y otras vidas, que me impiden disfrutar la riqueza y la abundancia.

El dinero como cualquier energía debe fluir, ir y venir.

Pido al universo apoyar mis proyectos que me harán abundante y próspero.

Elimino la resistencia para ser próspero.

Reflejo éxito con equilibrio, prosperidad y riqueza.

Proyecto en los demás la prosperidad.

Me desapego de todas las riquezas de este mundo.

Dejo que el dinero fluya a su propio ritmo.

Soy abundante y generoso.

Mi meta es ser exitoso en mis relaciones familiares, mi desarrollo espiritual, mi solidaridad con los demás, mis hobbies y mi prosperidad.

Pienso, hablo y actúo como un ser próspero sin olvidar la prioridad de mi ser infinito.

Manifiesto mi propia realidad llena de éxitos profesionales, espirituales y prosperidad.

Soy exitoso por el desarrollo equilibrado de las áreas materiales de mi vida y mi camino espiritual.

Asumo la prosperidad con responsabilidad.

Me afirmo como un ser de luz que acepta del universo la abundancia y la prosperidad.

Mis plegarias van dirigidas a mi realización e iluminación como un humano servicial.

En mis meditaciones me centro en el ser que es abundante y generoso.

Elijo todos los caminos que me conduzcan a la iluminación sin rechazar la abundancia.

Vibro en la frecuencia del amor puro que crea paz, armonía, abundancia, bondad, compasión y generosidad.

Procuro una existencia correcta para alcanzar mi propia divinidad.

Soy energía de amor puro que llena mis células de salud, abundancia y bondad.

Purifico mi vida al hacer el bien a otros.

Agradezco al universo la abundancia, prosperidad y los recibo humilde sin ofender a los demás.

Con el poder de mi verbo, decreto para siempre ser abundante y próspero sin menoscabo de mi meta espiritual, que es la iluminación y realización del ser divino.

Tengo fe en que cumpliré mis designios de vivir siempre en el ser infinito.

Recibo con humildad la gracia divina.

Elimino mi ego y el de los demás, para disfrutar la energía divina que circula en todos los seres.

LA PUREZA Y LO DIVINO DEL SEXO

Cambio el registro "el sexo es pecado" (Por):

Elimino sentirme culpable al disfrutar el sexo.

Elimino el tabú asociado con la actividad sexual o la prohibición social del sexo.

El sexo es una forma sublime de contactar la divinidad en mí.

El sexo es sagrado.

Procuro tener siempre sexo seguro. Expulso las entidades que entran en mi campo electromagnético, como consecuencia de una relación sexual.

El orgasmo es una conexión con lo Divino en mí.

Procuro tener una pareja estable.

En lo posible procuro no desperdiciar mis semillas, producto de una relación sexual.

Al meditar durante la relación sexual, despierto mi kundalini.

Emigro del campo mórfico de la aberración y la culpa sexual.

Elimino el morbo y la connotación pornográfica en mis relaciones sexuales, para sentir la conexión con mi ser infinito.

Siento un amor infinito por mi pareja, durante la relación sexual.

La satisfacción sexual me inhibe de pecados, culpas y errores.

El sexo con amor espiritual es la máxima felicidad en este plano.

En mi relación sexual, procuro siempre la felicidad y satisfacción de mi pareja.

El sexo con amor universal y espiritual es una iniciación en el despertar espiritual.

Elimino la connotación vulgar y pornográfica en mis relaciones sexuales.

Siempre pido la autorización de mi pareja para iniciar algún juego sexual.

El principal interés que me motiva en una relación sexual es alcanzar la plenitud espiritual a través de la satisfacción y la felicidad mía y de mi pareja.

El orgasmo Sexual es una conexión con la pureza de mí ser.

El orgasmo me hace vibrar en la frecuencia de la Fuente Divina de todo lo que Es.

Elimino el egoísmo en mis relaciones sexuales. Siempre busco la satisfacción de mi pareja y la mía propia.

El objeto de la relación sexual, es la unión de dos espíritus y dos cuerpos para alcanzar la gloria divina.

La relación sexual es de origen divino.

Elimino todos los pecados y las culpas asociadas con la satisfacción sexual.

Elimino de mis células el pecado original.

La energía sexual producida por dos almas que se aman, genera los más grandes milagros.

La energía producida por dos almas enamoradas en una relación sexual, llena en forma positiva las reservas energéticas de cada amante.

Hago de cada relación sexual una meditación para ser un humano superior.

En cada relación sexual siento la pureza de mi alma y el esplendor del alma de mi amante.

En mis relaciones sexuales combino la pureza de mis pensamientos, sentimientos y emociones con el juego sexual.

El sexo es puro, limpio y expresión del amor universal.

Elimino el apego, amor con dolor, en mis relaciones sexuales.

Elimino el apego al sexo que genera adicción.

Rechazo maltratar o ser maltratado en mis relaciones sexuales.

Siento la presencia Divina en mis relaciones sexuales.

El sexo es el más grande regalo de amor en esta vida.

Expulso de mi psiquis todas las formas de dolor en mis relaciones sexuales.

Rechazo el dolor físico o emocional en mis relaciones sexuales.

Rechazo toda práctica sexual carente de amor, ternura, dulzura y los más nobles sentimientos.

Elimino los modelos y estructuras mentales que me inhiben para disfrutar la pureza del sexo.

El sexo es una conexión profunda e íntima con lo divino del ser humano.

Al practicar el sexo con los más altos sentimientos y emociones de mi alma, me conecto con Dios el Creador de Todo lo que Es.

Soy el poder y la gloria de la fuente divina.

VER LA DIVINIDAD EN EL OTRO

Cambio mi manera de percibir más allá de los sentidos para interpretarlo todo, desde el conocimiento y la sabiduría.

Tú y yo somos iguales.

Borro de mis células sentirme diferente de los demás.

Borro la percepción del ego en los demás, para verlos desde la perfección divina.

La perfecta igualdad entre los seres se da cuando ninguna mente ejerce poder sobre la otra.

Percibo desde mi conocimiento y mi sabiduría ancestrales.

La igualdad se da cuando ejercemos la libertad de elegir.

La libertad es amor.

Me libero de los demás cuando les doy libertad.

Los demás se liberan de mí, cuando aplican su libertad.

Nadie puede amar a otro si lo aprisiona.

Tú y yo estamos unidos por la energía divina.

Mi poder no nace de la individualidad sino de la unión energética con mis semejantes.

Es la energía de la unión con todos los seres la que produce milagros.

La energía suprema que une todas las cosas y todos los elementos es el amor puro.

La energía de integración con otros humanos es mayor que la suma de sus partes.

Por medio del servicio me uno en amor puro con todos los humanos.

Es en la unión energética con todos los humanos como se forma el gran espíritu o fuente divina de todo lo que es.

Te envío amor universal por lo que eres y recibo de ti la pureza del amor universal.

Independiente de tu raza, posición social o apariencia física veo siempre en ti, la luz y la armonía del amor universal.

Siento la plenitud del poder del amor cuando me identifico con otros humanos.

Cuando veo a alguien elimino las diferencias por la información de mis sentidos, para sentir e intuir la luz del amor que emerge de su ser.

Mi fuerza y mi poder se dan cuando me uno de manera energética al poder único de amor puro que reside en todos los seres.

Cuando estoy libre de juicios puedo ver lo Divino en los demás.

Al suprimir mi ego, me puedo unir a ti en el amor universal.

Cuando me libero de pensamientos, sentimientos y emociones puedo conectarme con lo más excelso de tu energía.

Cuando te liberas del ego puedes ver lo mejor en mí.

La unión se da como solidaridad, compasión y amor universal.

Vengo de la unión en el amor con todos los seres. Regreso a la unión en el amor puro que es mi hogar perenne.

Nuestra identidad común está más allá de tu ego y de mi ego.

La paz nace cuando derribo la ilusión de separación con todos los seres.

Al unirme a tu energía más allá del ego, elimino el miedo a sentir la totalidad.

Despojo de cualquier connotación sexual todo mi acercamiento a tu energía de amor universal.

Me uno a los demás por el deseo de servir y ayudar.

Borro mi ego para verte en el esplendor de tu divinidad.

El ego es mi falsa identidad, el ser infinito es mi realidad.

La realidad del ego es temporal, la divinidad es inmutable y eterna.

Cuando estoy en mi verdadera realidad siento la gloria y la dicha en los demás y en mí mismo.

Todos los seres son divinos cuando veo más allá de su apariencia.

Veo a los demás más allá de su ego, en su auténtica realidad.

A través del amor puro, borro el miedo a los demás.

No busco cambiar la realidad, por el contrario la acepto de manera humilde.

Cuando los demás me agreden, borro la inculpación en ellos para concentrarme en mantener mi amor puro hacia su ser infinito.

Borro la ilusión de separación de la fuente divina en los otros, para ver su ser refulgente.

El amor puro se trasmite de ser infinito a ser infinito.

Tu luz es la experiencia de la felicidad.

Me acerco a los demás con humildad.

El humano que veo al frente es un ser Divino, al trascender su cuerpo, lo veo más allá de las tres dimensiones en el infinito de su esencia.

El amor puro es el quinto elemento como la tierra, el agua, el aire y el fuego.

El amor puro es la máxima expresión de la energía divina en el cosmos y en el átomo.

Pido al universo ver siempre la divinidad en el otro.

Resueno con las personas que ven el ser infinito por encima de la información física de tres dimensiones.

Borro la resistencia a sentir el ser infinito en los demás

Reflejo amor desinteresado en los demás.

Focalizo mi mente en observar la divinidad en los demás.

Todo en esta vida fluye para poder ver el ser infinito en los demás.

Al ver el ser infinito en otros disfruto la iluminación.

Mi intención poderosa se concentra en sentir el ser infinito en mí y en los demás.

Deseo en lo profundo realizar el ser y sentirlo en los otros.

Creo firme en mí mismo y tengo confianza en mi propia ascensión como humano.

Elimino ser absorbido por la polaridad, mantengo el equilibrio del ser infinito dentro de mí.

Todos los días trabajo en elevar mi vibración para ver eternamente la divinidad dentro de mí y en los humanos que conozca.

Veo el interior de los demás por encima de su apariencia física, credos o costumbres.

Me afirmo como un humano ascendido y despierto, que se ilumina en el amor puro.

Pido al universo que me permita sentir el ser infinito en mi chacra corazón y en la energía de los demás.

En mi meditación me concentro en el centro corazón para sentir la divinidad en mí y en ellos.

Elijo sentir la divinidad dentro de mí y en los demás seres humanos.

Deseo elevar mi vibración para vivir siempre en el amor puro.

Soy un ser de luz y amor que vive en equilibrio de sus emociones.

Trasmuto todos los pensamientos, sentimientos, emociones y creencias negativas en amor universal desde mi centro corazón para sanar mis cuerpos.

Purifico todos mis cuerpos y mi entorno con la esencia del amor puro que brota de mi chacra corazón. Purifico mi entorno y cada humano que se relacione conmigo.

*Veo la esencia pura del ser en ti. **Nashaom.***

Cambio mi perspectiva para ver siempre amor puro en los otros humanos.

Siento gratitud por la elevación de mi frecuencia que me permite ver la divinidad en los demás.

Bendigo con amor puro a cada humano que porta la llama del amor universal en su corazón.

Con todo el poder de mi verbo, decreto ser consciente de mi ser infinito y ver esa sublime energía en los demás.

Con la fe y la confianza en mi ser infinito y a través de tu ser infinito construimos una nueva energía para el planeta tierra, donde reina la concordia.

Veo la gracia divina en ti.

Mi reconocimiento de tu divinidad nos lleva a la unidad en el amor puro. La fuente divina es una y todos somos la fuente divina de todo lo que es.

Eres el poder y la gloria del gran espíritu.

Eres amor puro, felicidad pura.

ME AMO A MI MISMO

Me hundo en el mar de energía y de luz.

Para evolucionar hacia frecuencias más altas, limpio mi alma de todo aquello que ya no necesito para mi transformación.

Amo la semilla de Jesús el cristo y con ello me amo profundo.

Amo mi alma, amo mi espíritu.

Veo en los demás la esencia de amor y compasión.

Trato a todos los seres con amor y compasión.

Recibo en mi alma el cambio que el universo Buda requiere para mi ascensión.

La compasión fertilizó mi psiquis para glorificarme en la felicidad.

El amor hacia todos los seres se inicia con el amor a mí mismo. Para ello elimino todas las creencias y programas que distraen mi evolución.

Hoy respiro para estar en el ahora todo el tiempo, en la energía del ser infinito dentro de mi chacra corazón donde residen la felicidad inmensa del ser y la alegría de vivir.

Inspiro la luz del amor que entra a borbotones en mi campo electromagnético.

Siento una cambio energético en todas las células de mis cuerpos.

Mi corazón se conmueve ante el brillo de La luz del alma.

*Comparto toda la energía de amor con **Lady Gaia** a quien le debo el mantener mi vida de tres dimensiones.*

Estoy unido a todo en el amor puro, condición inherente en todos los seres. De mi corazón emerge la fuerza del amor hacia mí, con el respeto a mi divinidad y con el respeto y el amor a los demás.

Procuro permanecer aislado de la obstinación por los temas del futuro, para ser consiente del ahora.

Transformo el dolor y el sufrimiento en la dicha inconmensurable del ser.

Soy la semilla plantada que recibe los elementos indispensables para reproducir el amor universal.

Elimino identificarme con mi ego.

Soy la dicha suprema residente en las células de todo organismo vivo.

Entiendo que mi mente y mi corazón me pueden transportar a la última frontera de evolución y transformación en esta vida al reproducir en mí, la semilla del bien.

Busco la transformación de mi alma para alcanzar la más alta meta de evolución.

Borro el amor con dolor por las personas, las cosas, los animales, la naturaleza, los sitios.

Transformo las emociones agradables y positivas en permanentes, con la conciencia puesta en la emoción y convertida en sentimiento.

Con el amor puro me conecto con el cosmos para hacer realidad todos los pensamientos de alegría, satisfacción, dicha y armonía.

Suprimo los hábitos que me generan dolor en la dualidad de la mente consciente.

A través de mis sentimientos altruistas, nobles y misericordiosos modifico el cosmos que me rodea.

Mis sentimientos de amor puro son la más poderosa herramienta para construir mi vida y aprovecharla para mi propia evolución y ascensión.

Evito luchar contra el dolor para advertir la dualidad y escapar de ella.

Mi meditación y mis plegarias van orientadas a seguir mi propia iluminación como ser humano que clarifica el objetivo de la vida a los demás.

En este instante sagrado me fundo con las energías más sublimes del cosmos y del sol central de la galaxia.

Mi profundo sentimiento de amor puro por todo lo que existe es el común denominador de mi existencia.

Cero resistencias a los eventos que ocurren en mi vida. Lleno con la presencia del ser, la sucesión de hechos.

Tengo compasión infinita por mí mismo.

Siento amor puro por mi alma.

En mis meditaciones impera la intención de realizar el amor puro.

Transformo los pensamientos, emociones y creencias diarios en sentimientos de amor puro y universal.

Convoco al holograma que registra todos los pensamientos para que se llene de amor puro y compasión.

Al vibrar en el amor puro hacia mí mismo, proyecto amor al universo.

Al reiterar una emoción noble, la convierto en sentimiento divino.

Mi relación conmigo mismo está llena de honestidad.

Comulgo todos los días con el amor a todo lo que existe, en particular el amor a mí mismo como componente de un ser multidimensional e infinito.

El mundo es un espejo de mi transformación como ser compasivo.

Sano las emociones negativas de mi vida para que fluya el amor puro en todas las células de mi cuerpo.

Acallo mi ego. Silencio mi ego.

Suprimo mentirme a mí mismo.

Elimino todos los hábitos que me invitan a sufrir, el odio, la ira, los sentimientos de venganza y los cambio por armonía y paz desde mi ser.

Sano todos los miedos que me atormentan por aquello que ocurrirá, para vivir en el ahora en la inmensidad del ser.

Limpio todos los sentimientos, emociones o creencias que me llevaron al sufrimiento en el pasado, para deleitarme en el presente ahora.

Expulso todas las esperanzas que producen mundos de fantasía, para sentir estos instantes del ahora en la divina presencia del ser.

Amo la inmediatez en mi vida cuando refulge la luz perfecta de lo divino dentro de mí.

El tren de mis pensamientos se encamina por los laberintos del ahora, al partir desde y llegar a mi chacra corazón, mi centro del amor.

Mi inmediatez se llena con el amor a mi mismo por encima del ego, que es la base del amor a los demás.

Los acontecimientos próximos y cercanos son contingentes en mi psiquis para ser lo que soy.

Yo soy lo que soy, luego existo.

Soy amor infinito. Así es.

Con este pensamiento y el siguiente estoy en el ahora, en la gracia divina.

Interrumpo todas las obsesiones para percibir el ahora, aquí en el presente simultáneo.

Mi corazón es el timón que controla el viaje frenético de mi mente por el paisaje impúdico de sufrimiento y dolor.

Cuando me libero de rabias, culpas y apegos accedo al ahora en el reflejo del ser.

Mi única alienación es el amor infinito dentro de mí.

Todas mis ideas confluyen como un río que se entrega al océano sublime del ahora.

Abro mi corazón para amar sin medida a todos los humanos, a todas las cosas y a todos los seres.

Mi mundo interior es perfecto, como el esplendor creado afuera por la fuente divina.

Todas las cosas son impregnadas con amor, gracia y gloria.

Respiro y existo. Respiro amor puro.

Con este pensamiento y el anterior vivo en el ahora como una gota que contiene el mar eterno de felicidad.

Mi corazón marca el paso de los instantes, en el regocijo supremo del ahora.

Guio la impermanencia de lo exterior hacia la dulzura inmutable del alma.

Mi grupo personal de ángeles destella protección y cuidados en las sutilezas de la mente y el tiempo.

Mi entorno está revestido con el imperecedero amor de los eones y los siglos y los años y los instantes del ahora.

Soy La Luz perfecta que destella desde el sol de los soles.

De tanto viajar y viajar en busca de la felicidad resbaladiza, la encontré justo en mi pecho en el chacra corazón; allí donde reside mi ser infinito, en los laberintos de la cámara sagrada, la puerta del alma.

VIVIR EN EL SER

Cuando insistimos en estar en el presente absoluto, nuestro interés gira en torno a encontrar en el interior de cada humano su esencia divina. Si usted conoce otra forma de encontrar su Ser interior, puede obviar los ejercicios que lo llevan al presente-ahora.

Pero estar en el ahora no es el final del viaje sino una etapa clave para experimentar las más extraordinarias sensaciones del paraíso acá en la tierra, dentro del mundanal ruido y las vibraciones más diversas que afectan su campo electromagnético y su cuerpo.

Es sentir las más hermosas frecuencias a pesar y por encima de los diversos obstáculos, para ser feliz.

Una vez conseguido el propósito de experimentar el Ser, iniciamos un viaje ilimitado de poderes que varían desde la Sanación propia de muchas enfermedades y desequilibrios mentales o emocionales hasta la Sanación de otros, con base en esa energía maravillosa que emerge dentro de usted.

El diseñar una existencia llena de felicidad, salud y amor también es una de las ventajas de vivir el Ser interior.

Estar en el presente es una herramienta para desbloquear la identificación con el ego y los sucesos mundanos. El experimentar el Ser interior controla la vibración y la frecuencia de los pensamientos, para no estar a merced de las ondas de pensamiento del inconsciente colectivo o las olas de pensamientos de baja frecuencia.

Estar en el ahora y en el Ser significa cuidar la emisión de pensamientos que son las luces del camino en esta vida. Es decir permanecer en frecuencias altas de amor universal, compasión, empatía, deseo de servir.

Contrario a los pensamientos de guerra, odio, maldad, envidia, tristeza, desolación, miedos que trasmiten de manera automática la mayoría de los humanos.

Seleccionar los medios de comunicación.

Para conseguir el objetivo de estar lejos de la mente que impele pensamientos del pasado infeliz o del futuro frustrante, seleccione los medios de comunicación que ve cada día. Observe que estos medios coadyuven en su progreso espiritual y en el aprendizaje que debe cumplir acá en la escuela de la tierra.

Evite la violencia, el odio y la venganza, el dolor y el trauma como temas centrales de las historias que ve. Si no puede evitarlo, constate que en su interior ya ha limpiado esos sentimientos y emociones de eventos que ocurrieron en épocas pretéritas y rechace de manera consciente el aceptar esos comportamientos que generan más violencia y maldad.

La variedad de información que recibimos hoy nos permite seleccionar excelentes programas que aportan en el conocimiento científico y en el desarrollo espiritual.

Nuestro campo electromagnético y por lo tanto nuestra mente, están influenciados por miles de frecuencias de toda clase que permean ese campo e incitan a diferentes acciones.

Una buena estrategia es dar la orden de salir del inconsciente colectivo de odio y maldad. Existen grupos mórficos que trasmiten información de Sanación, de amor universal e incondicional, de solidaridad humana.

Pero también y en la mayoría de los casos la información inconsciente que recibimos no es la mejor. Observe que la mayoría de los miedos que percibe no son suyos. Ordene a esas frecuencias salir de su campo electromagnético y concentre su atención en el ahora o en el Ser interior.

Sea consciente de todas las influencias perniciosas que inflan su ego y estimulan pensamientos de drama o dolor emocional. Sea consciente de su cuerpo y de su respiración para entrar en el ahora.

Ponga su mente en el chacra corazón y disfrute de su esencia, su sustancia íntima, su verdadero Ser y las vibraciones de felicidad que llegan a su vida segundo a segundo. Es el edén en la tierra.

Es el Ser inmutable que reside dentro de cada uno de nosotros, lejos de la dualidad del placer y el dolor, es la felicidad exenta de riquezas, fama, poder, es la simpleza de la vida y el verdadero caudal del humano, un real tesoro que reside en usted.

El déficit de energía y la enfermedad.

Los seres humanos nos alimentamos de energía solar a través de las plantas, el agua y los animales. Pero la mayor fuente de energía para el cuerpo y los demás aspectos del merkaba, la proporciona el prana o energía vital que se capta de diferentes maneras.

Cuando la energía de los cuerpos físico, mental, emocional o espiritual disminuye, existe el riesgo de producir desequilibrios en esos cuerpos que se manifiestan como enfermedad.

La más densa y palpable es la enfermedad física, pero es simple, una alarma que indica que se deben sanar problemas en el plano emocional, mental o espiritual.

Debemos procurar que la energía que captamos o producimos para nosotros sea mayor que la energía que consumimos en el ejercicio físico, el trabajo o los problemas mentales o emocionales ligados con nuestra actividad diaria.

Dormir es una de las principales formas de captar energía, cuando el sueño es profundo y reparador. Una buena respiración abdominal consciente nos ayuda a captar mucho **prana o chi,** para el consumo diario y ayuda a obtener un sueño beneficioso para la salud, tal como lo recomienda el **yogui Ramacharaka.**

No se puede pretender sanar de manera holística al ser humano si presenta déficit de energía proveniente de un mal sueño.

Para obtener prana debemos practicar algún deporte aeróbico, preferible al aire libre, hacer **hatha yoga**, meditación en sus miles de formas, **chi kung, chi kung shaolin, falun dafa, tai chi Chuan** y cultivar la respiración **pranayama.**

La condición "sin e qua non" sanamos, es restablecer el equilibrio energético del cuerpo al trabajar menos y gozar más.

La relación entre la enfermedad y la energía es inversa, a mayor energía menor posibilidad de enfermedad y viceversa a menor cantidad de energía mayor posibilidad de que aparezcan afecciones y dolencias.

En la China pre moderna todas las enfermedades, en particular las de la psiquis se curaban con **Chi Kung o Tai chi Chuan.**

Otra forma de perder energía es la que se origina con las entidades o espíritus que se pegan al campo electromagnético de la persona por diversas razones.

El individuo es muy psíquico, es decir entra inconsciente en otras dimensiones o consume alcohol y pierde la noción de su identidad o consume sustancias alucinógenas, que transportan su mente a otras dimensiones y pierde su propia autonomía.

En estas circunstancias las entidades penetran el campo electromagnético y se instalan para siempre, hasta cuando alguien pueda expulsarlas de allí.

En el caso del alcohol, los alucinógenos y los barbitúricos recetados, el individuo entra en etapas de éxtasis placentero que pueden durar varias horas pero después de agotar la producción de hormonas de placer, aparece la depresión o baja sensible de la energía.

Viene el déficit de energía que debe ser equilibrado, entonces la persona recurre a consumir más alcohol o drogas para reponer la fuerza perdida y comienza el círculo vicioso del consumo.

Llegará un momento en que el daño en su cuerpo es tan severo que aún el consumo de cantidades enormes de estas sustancias, no logra balancear la fuerza o el vigor que necesita para llevar una vida normal.

¿Cómo recibir el Prana?

Para recibir **prana o chi**, diríjase a un parque si vive en la ciudad o vaya al campo y tenga relación directa con la naturaleza, ésta trasmite mucha energía por medio de las plantas.

Haga ejercicio suave con la mente concentrada en la respiración o en forma simple, enfoque su atención en la respiración abdominal, tal como respira un bebé o su mascota, gato o perro.

Procure que se infle el abdomen con la inspiración y se desinfle con la espiración. El ritmo de respiración debe ser lento, sostenido y continuo, sin ningún tipo de esfuerzo.

El desconectarse de los problemas diarios elimina el drenar la energía con los pensamientos que alimentan los miedos y el negativismo. Estar en el presente-ahora en la presencia del Ser, aumenta el prana en nuestros cuerpos.

Si no es fácil sentir en vivo la naturaleza, medite todos los días. Es una forma de eliminar los desechos tóxicos de la psiquis, tales como: ira, envidia, dolor emocional, miedos.

Al centrar su energía empieza a reponer el prana perdido por la actividad. La meditación debe ser diaria, antes de iniciar la rutina de trabajo, preferible antes de la ducha.

Es una forma de conectarse con su real identidad. Los sentimientos de amor y compasión que emanan de su ejercicio mental de meditación llenan de prana las células de su cuerpo.

Si dispone de tiempo haga una rutina diaria de **Tai chi o de chi Kung**. En internet consigue fácil esta información.

El **Falun Dafa** es un **chi Kung** moderno que produce mucha energía de manera sencilla. Recomiendo los ejercicios de **Falun Dafa**, no la implicación filosófica de esta corriente de pensamiento.

Si las emociones o sentimientos negativos producto de su actividad son muy dolorosos, sánelas, de acuerdo con las técnicas explicadas en este libro. Aplique Gamma Energetics y libere sus células, con ello aumenta el flujo de **chi o prana** para disfrutar los verdaderos placeres de vivir en este cuerpo físico.

Procure estar consciente de su respiración abdominal en todas las actividades. Observe que respira con el abdomen. No importa si se ve barrigón(a), lo clave es el bienestar que recibe de esta práctica elemental, por encima de la apariencia estética.

Cuando tenga la oportunidad de estar en el campo o la playa, medite, practique yoga o ejercicio físico. Es el súmmum de captación de energía. Al llegar a su sitio de descanso diario, seleccione muy bien el tipo de información que quiere recibir para no agotar el remanente de **chi** que queda en su cuerpo.

Los medios de comunicación deben generar información reconfortante, recreación y diversión para obtener la desconexión con los temas de preocupación cotidiana.

En general, todas las actividades que le generen placer emocional como espectáculos, conciertos, exposiciones de arte, eventos deportivos, música, baile, aumentan la producción de **prana** o **chi** en nuestros cuerpos.

La oración profunda, la unión íntima con la divinidad que proporciona dosis abundantes de amor universal y benevolencia constituye una poderosa herramienta de Sanación y por lo tanto de captación de energía.

Cuando nos rendimos con humildad ante el poder infinito de la energía, percibimos la divinidad interior que trasmiten Jesús y todos los avatares que han pasado por este plano. Ello se refleja en una carga potente de prana que rejuvenece y fortifica.

ILUMINACIÓN

Yo soy esta energía que surge de mi corazón.

Me identifico con el ser que aparece en mi centro corazón.

Estoy en unidad de amor con todas las cosas, los animales y las personas.

Sitúo el centro de mi mente en el chacra corazón.

Estoy conectado a Jesús **(Buda, Krishna, Rama, Zoroastro, Yavé, Alá).**

Siento el ser infinito dentro de mí.

Siento la felicidad inefable del ser.

Siento la paz del presente absoluto, sin tiempo.

Me desconecto de pensamientos, sentimientos o emociones de baja frecuencia.

Albergo en mi centro, pensamientos, sentimientos y emociones puros.

En vez de preocupación, mi mente se ocupa del ser infinito en el ahora.

Encuentro la libertad en el centro de mi corazón (chacra corazón).

Disfruto mi quietud y mi paz interiores.

Mi conciencia se funde con la inmensidad del ser.

Yo soy esta energía divina que surge de mi corazón.

Cuando aparecen los pensamientos estoy en la falsa identidad del ego.

Cuando soy presa de las emociones negativas vivo desde el ego.

Cuando permito que entren sentimientos negativos, vivo en el ego, en la montaña rusa del placer y el dolor.

Soy consciente de mi respiración para romper el circuito de pensamientos y estar en el ahora.

Con mi respiración sintonizo el ser infinito dentro de mí.

*A través de la respiración determino estar siempre en la frecuencia del
ser infinito interior.*

Soy consciente de la felicidad que emana dentro de mí.

Experiencia del ser, experiencia del ser.

Respiro desde mi abdomen que se infla y se desinfla.

Mi conciencia está llena de luz, amor y felicidad.

El ego es mi falsa identidad.

Procuro tomar decisiones desde el centro corazón, desde el ser.

Mis decisiones están plenas de amor universal.

*Al estar centrado en mi chacra corazón, elimino los impulsos y arrebatos
de carácter.*

*Elimino todos los resentimientos de mi psiquis para vivir el presente como
un regalo de la vida.*

Percibo la vibración de amor de los demás, al estar en el presente.

Todas las cosas, los animales, las personas están llenas de amor.

Cuando estoy en el ahora soy un ser pletórico de amor puro.

El amor es la mayor fuerza de los universos.

Doy y recibo amor de los demás.

La amistad es el sentimiento de amor por los demás.

Evito responder ofensas. Envío amor universal a quien me agrede.

Mis células viven en el amor y la compasión del ser infinito.

*Estoy en la unidad con todo por medio del amor y la compasión que
surgen cuando estoy en el ahora.*

El servicio a los demás me produce satisfacción y felicidad.

Soy bondadoso, servicial y solidario con los demás.

*Un simple deseo de bienaventuranza, equilibrio y felicidad a los demás
es un gran aporte de servicio.*

Siempre veo la divinidad en los demás, camuflada en su ego.

*El amor y la compasión que fluyen desde "el ahora", me llenan de amor
y dicha sin par.*

*Cuanto estoy en el ser infinito, mis actos están dirigidos por el amor puro
y la compasión.*

*Creo en mi verdadero yo que fluye del presente-ahora, como un ser de
compasión, solidaridad y amor.*

Elimino el sufrimiento y el dolor, cuando me conecto con el ser infinito desde el ahora.

Desde el ahora, borro los miedos, los peligros y las amenazas con mi yo real y trascendente.

Desde el ser infinito dentro, la muerte es una transición armoniosa a la vida eterna del ser infinito.

La muerte es la cesación del cuerpo para vivir siempre en el ahora, en la dicha suprema del ser.

Al respirar recuerdo siempre poner mi conciencia en el chacra corazón.

Al actuar desde mi corazón espiritual aumento la frecuencia y la vibración para alcanzar el ser.

Trasmuto toda la energía que recibo en amor y compasión.

Purifico mi cuerpo y mi mente con la energía sublime que surge de mi centro corazón.

Vivo siempre en el presente. Hago fugaces visitas al pasado y al futuro cuando estoy trabajando.

Envío siempre amor y compasión a todo lo que es.

Decreto para siempre actuar desde mi corazón, desde mi real identidad, lejos del ego.

Celebro mi despertar y mi ascensión por vivir el ahora, desde el ser infinito.

Siento la gracia divina dentro de mí.

Soy un ser misericordioso, conectado a la unidad en el amor con todos los seres de todas las dimensiones.

LA PIRÁMIDE DEL OASIS DE PAZ

Con los ojos cerrados y por medio del tercer ojo o glándula pineal, imagina una habitación esplendorosa cuyas paredes de cristal reflejan una belleza de otra dimensión.

El piso de nuestra habitación está hecho con un material brillante y de un color translúcido, semejante a un inmenso espejo.

Cuando avanzas un par de pasos, descubres la imagen tridimensional de **Jesús El Cristo (Buda, Alá, Moisés, Krishna)** que viene en tu búsqueda y te obsequia un enorme abrazo que te transporta a una frecuencia sin igual donde el gozo del alma es inefable.

Al avanzar un poco más observas cuatro grandes columnas de energía de diferentes tonos cromáticos. **Al frente una columna de luz dorada intensa. A tu izquierda una columna de luz roja. A tu derecha otra columna de luz azul Mediterráneo y detrás encontrarás una de luz verde intenso.**

Al penetrar en la columna dorada te transportas a épocas pasadas en donde usabas tus habilidades mágicas para sanar a otros y dirigir los destinos de tu vida.

Sientes tu cuerpo y tu psiquis cargadas de energía, fuerza y poder. Una inmensa alegría acompaña tu paso por algunas vidas pasadas llenas de amor y compasión.

Experimentas el vigor y la capacidad de la espada excálibur en tu mano dominante. **La columna dorada simboliza el aire como elemento vital.**

Al introducirte en la columna roja surgen las diferentes etapas de tus experiencias en la Atlántida. Todo un cúmulo de conocimientos esotéricos que yacen en tu **merkaba** o cuerpo de luz para ser utilizados a favor de los demás, en las sanaciones y limpiezas de energía.

Reafirmas tu poder como Ser universal y tu capacidad para moverte en las distintas dimensiones y planos de existencia. Siempre está presente tu conexión con lo divino desde tu centro corazón. **Esta columna (roja) representa el fuego como elemento vital.**

La columna azul recuerda tus experiencias en **Lemuria**, tu contacto con el fuego sagrado que ayuda a limpiar karma y facilitar tu acceso a lo terreno. Vivenciaste la energía de las bibliotecas de cristal y su maravillosa onda de luz divina que te acerca a la veracidad.

En tu cuerpo de luz residen los conocimientos científicos más avanzados que absorbiste en estas encarnaciones. **Es la columna azul del agua.**

La columna trasera es verde, para los efectos de crear la pirámide utilizaremos su luz nutriente tanto para tu cuerpo físico como los demás aspectos constitutivos de tu cuerpo de luz.

Esta columna refleja tu presente absoluto en la tierra y las modificaciones que puedes hacer en tu psiquis y por tanto en tu cuerpo y mente.

Acá diriges tu transformación. **La columna verde, simboliza la tierra en que vives y sueñas, el planeta que te alimenta de energías para sostener tus cuerpos y tu psiquis.**

Partiendo del aire o columna dorada, se forma una corriente de energía en sentido contrario a las manecillas del reloj que se mueve a la izquierda hacia la columna roja, el fuego, continúa hacia la columna verde, la tierra y la columna azul el agua.

Continúa su recorrido en un movimiento envolvente girando en contra del reloj y subiendo por las paredes de cristal hasta llegar a la cúpula de una pirámide a escala de la gran pirámide. Ahora inicia su descenso en el sentido de las manecillas del reloj en un movimiento en bucles hasta llegar a la base de la pirámide.

La unión de los cuatro elementos creó el quinto elemento,

el amor puro, el éter, la quinta esencia cristalina, el espíritu divino. Desde la columna dorada la energía de amor puro se mueve en sentido contrario al reloj, en sentido ascendente por las paredes de cristal y llega al Súmmum del amor puro en la cúpula de la pirámide.

De allí se devuelve en el sentido del reloj hasta llegar a la base de la pirámide, ahora inicias el recorrido desde la columna de fuego o roja en sentido envolvente hacia arriba, recorriendo todos los elementos fuego, tierra, agua y aire cubiertos con el quinto elemento del amor puro y universal.

De allí inicia su recorrido en el sentido de las manecillas del reloj, en forma de espiral descendente hasta llegar a la base de la pirámide. Tú estás en el centro del poliedro, como testigo de excepción en la formación de la pirámide.

Recibes todo el influjo y la información que fluye dentro del poliedro. Ahora inicia el recorrido desde la columna verde o la tierra recorriendo el agua, aire, fuego y reunidos en la más poderosa energía del cosmos: el amor puro y universal.

Devuélvete desde la cúpula de la pirámide sintiendo la fuerza poderosa del amor puro, al recorrer todas las paredes de cristal y llegar a la base.

Tú sientes el influjo del más poderoso ímpetu por la contundencia de las energías allí reunidas. Ahora inicias el recorrido por tu pirámide desde la base en la columna de **agua,** en sentido inverso a las manecillas del reloj en un espiral ascendente, **aire:** columna dorada, **fuego:** columna roja y **tierra:** columna verde.

Se moviliza el amor más potente hasta llegar a la cúpula de la pirámide de cristal. Desde allí la fuerza del amor se mueve en sentido del reloj hacia la base con ese cúmulo de informaciones y la intensidad de los cinco elementos que te nutren, hasta llegar al piso.

Haz este recorrido en dos vueltas empezando de nuevo por la columna dorada hacia la izquierda. Cuando hayas completado dos vueltas, quédate en el centro de la pirámide y recoge todas las energías de todas tus vidas y de todos los compuestos que conforman tus cuerpos para sentir el poderío y la pujanza de la tierra, el aire, el agua, el fuego y el amor puro.

Siente cómo la pirámide se llena de luz violeta que empodera y nutre. Quédate sentado cinco minutos captando todas las energías y eliminando todas las impurezas de tus cuerpos.

Centra tu mente en cada una de las columnas y recibe ahora por el centro de la pirámide un pilar de luz **lay'o'esh** que surge desde la cúpula e invade todos tus cuerpos con la energía divina blanca azulada.

Después de dos minutos toma una respiración profunda y sal de la pirámide. Demórate cinco minutos para entrar en actividad.

Sentirás la paz eterna dentro de ti. Vivirás en el refugio de los ángeles y te darás cuenta de muchas situaciones en tu vida que carecían de profundidad.

Encontrarás el camino de la felicidad al vivir desde el corazón todas las penurias y dolores que se convierten en felicidad pura, en la veracidad o quinta dimensión.

Verás que los dolores pertenecen al mundo mental y que cuando trasciendes al presente absoluto, sólo bendiciones recibirás día a día.

Haz esta meditación mínimo una vez por semana y sentirás la calma y la dicha de las altas dimensiones.

Cuando tengas un problema, entra en la pirámide y medita en los cinco elementos, encontrarás la paz como recompensa.

Esta es la morada de la paz suprema.

Printed in the United States
By Bookmasters